Annie MOLINIÉ-BERTRAND

Professeur à l'Université de Paris IV-Sorbonne

VOCABULAIRE HISTORIQUE DE L'ESPAGNE CLASSIQUE

édition revue et complétée

Ouvrage publié sous la direction de
Bernard Darbord

NATHAN

Du même auteur :

Au Siècle d'or. L'Espagne et ses hommes, Paris, Economica, 1985.

Vocabulaire historique de l'Amérique espagnole, Paris, Nathan Université, coll. « 128 », 1996.

En collaboration avec R. Carrasco et C. Dérozier :

Histoire et civilisation de l'Espagne classique, 1492-1808, Paris, Nathan Université, coll. « fac », 1991.

En collaboration avec J.-P. Duviols :

Enfers et Damnations, PUF, 1996.

Édition : Claire Hennaut
Conception de couverture : Noémi Adda
Conception graphique intérieure : Agence Media

ISBN 2-09-190463-5

Introduction

L'objectif de ce *Vocabulaire historique de l'Espagne classique* est de présenter à la fois les **notions historiques** et les **notions de civilisation** de l'Espagne des XVIe et XVIIe siècles. Loin de viser à une quelconque exhaustivité, ce livre se voudrait au contraire exemplaire de l'infinité de vocables que le lecteur curieux de l'Espagne classique — essentiellement celle des Habsbourg —, de son histoire et de sa vie quotidienne est amené à rencontrer à chaque pas aussi bien dans les documents d'archives (registres paroissiaux, recensements, testaments, inventaires après décès, contrats de mariage, procès d'inquisition, etc.) que dans les textes normatifs ou littéraires du Siècle d'Or. On a eu le souci de la variété et d'une certaine nouveauté, en privilégiant l'histoire des mentalités, les comportements, quelques personnages aux noms flamboyants — le culturel enfin.

L'enjeu de cet ouvrage est de saisir la réalité hispanique à travers ses aspects les plus divers à une époque phare de l'histoire d'Espagne. On y traite de l'histoire politique et économique, des institutions et de la fiscalité, de la démographie historique, de la vie et la mort, de la société traditionnelle, en somme. C'est la civilisation dans ses rapports avec l'histoire. Ce *Vocabulaire* se veut donc **Histoire et Civilisation.** Il s'adresse d'abord aux étudiants hispanistes et aux historiens, et à tous ceux que l'Espagne classique attire et séduit.

Dans ce petit livre, qui emprunte la forme d'un dictionnaire, on a essayé de donner les bases d'une connaissance de l'Espagne des XVIe et XVIIe siècles. On y trouvera des articles délibérément brefs — parce que sur un sujet supposé bien connu —, d'autres plus développés, qui tiennent compte de nos propres recherches, de la production récente ou en train de se faire.

Les entrées se présentent par ordre alphabétique. On a choisi de préférence le terme espagnol, sauf pour les termes génériques et les noms propres. Les renvois à d'autres articles sont toujours indiqués. Les mots suivis de l'astérisque renvoient à une entrée où figure la définition du terme utilisé.

CARTOGRAPHIE : A. MOLINIÉ-BERTRAND

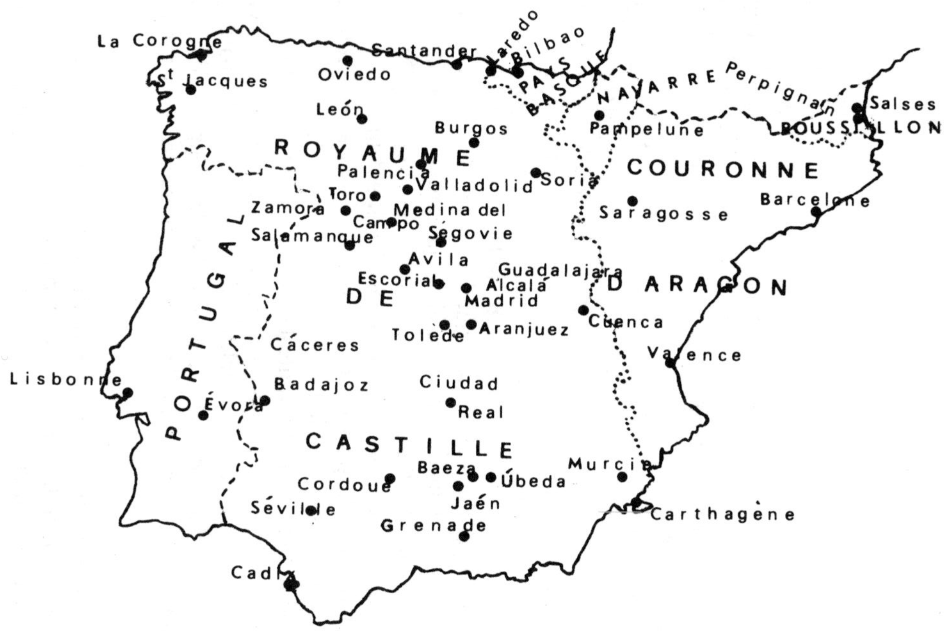

L'ESPAGNE CLASSIQUE (XVIe - XVIIe siècles)

A

Abadengo adj. (de *abad*, abbé). Dans l'Espagne classique, les *tierras de abadengo* sont des territoires qui appartiennent juridictionnellement à des seigneurs ecclésiastiques : monastères, évêchés ou chapitre* d'une cathédrale. Ces seigneuries ecclésiastiques sont inaliénables. Voir *Realengo*.

Adarme n.m. (de l'ar. hispanique *dárham*, ar. *dírham* qui lui-même vient du grec *drákhma*, monnaie, poids). Voir Poids et mesures.

Adelantado n.m. (de *delante,* semble être un calque de l'ar. *muqáddam*). Représentant du pouvoir royal, gouverneur d'une province qui jouxtait un territoire ennemi. L'*adelantamiento* de Cazorla (province de Jaén), limitrophe du royaume de Grenade*, devient au XVIe siècle un *señorío** et *adelantado* un titre honorifique.

Alarife n.m. (de l'ar. *aráfa*, celui qui a été désigné comme maître-d'œuvre). Maître-d'œuvre, maître en maçonnerie. Lorsqu'eut lieu la *visita de aposento** (inspection des logements) à Madrid* en 1621, un *alarife* et un greffier étaient présents.

Al-Andalus. Partie de l'Espagne sous domination musulmane à partir de 711. Après la Reconquête, ce terme désigne la seule Andalousie.

Albaicín (origine incertaine ; Covarrubias prétend que le mot vient de Baeza, le quartier des Maures venus de Baeza). L'Albaicín (l'ancien Rabad al-Bayyazin) est le quartier maure de Grenade* situé sur une colline. Au XVIe siècle, et jusqu'à leur expulsion en 1569, de nombreux Morisques* y ont leur maison. Pendant la guerre de Grenade*, l'Albaicín se soulèvera et la place de Bib el Bonut sera un lieu stratégique.

Alcabala n.f. (de l'ar. *qabâla,* contribution). Impôt royal, d'origine islamique, créé en 1342 par Alphonse XI. La *alcabala* porte sur toutes les transactions, à l'exception du pain cuit, des grains, des chevaux et des mules, de la monnaie, des armes et des livres. Le taux est d'environ 10% du montant de ladite transaction. Elle est payée par moitié par l'acheteur et le vendeur. Les *alcabalas* sont soumises au régime de l'abonnement : *encabezamiento** *general*. Le roi est exempté des *alcabalas* ainsi que le clergé*, sauf s'il a fait du commerce dans un but lucratif. Les villes de foires, les marchés francs, la Biscaye et certaines autres villes bénéficient d'une franchise. Les *alcabalas* ont été longtemps le revenu le plus important de la Couronne.

Alcaicería n.f. (de l'ar. *qaisarîya*, dér. de Qáisar, nom donné par les Arabes à l'empereur romain). Lieu clos, fermé la nuit, où l'on vendait la soie brute. Il existait des *alcaicerías* à Grenade*, Málaga et Almería, avec de nombreuses boutiques.

Alcaide n.m. (de l'ar. *qâ'id,* capitaine). Gouverneur d'une forteresse ou d'une prison.

Alcalá de Henares. Ville de Nouvelle-Castille. C'est à Alcalá, la Complutum des Romains, dans le collège* de san Ildefonso que fut installée la célèbre université — rivale de Salamanque* — fondée par le cardinal-archevêque Jiménez de Cisneros, pour qu'y fût enseignée la théologie. La Bible polyglotte y fut établie et imprimée. À la fin du XVIe siècle, Alcalá comptait environ 12 000 habitants. Elle faisait partie de la mense* des archevêques de Tolède, *la mesa arzobispal de Toledo*, et l'archevêque de Tolède, seigneur de la ville, y résidait. L'université d'Alcalá fut aussi le berceau de l'érasmisme*.

Alcalde n.m. (de l'ar. *kâdi*, juge), **juge**. Magistrat, juge avec une compétence civile et criminelle. Aujourd'hui, l'*alcalde* c'est le maire.

Alcalde de corte n.m. Fonctionnaire chargé de maintenir l'ordre à Madrid*.

Alcalde entregador (de la Mesta) n.m. Créé sous Alphonse le Sage (en 1273), ce magistrat de la *Mesta** était un fonctionnaire ambulant avec des pouvoirs de justice et d'administration, qui protégeait les intérêts de la transhumance. C'était le représentant de l'autorité royale alors que l'*alcalde de Mesta* était un fonctionnaire au service des éleveurs et bergers de la *Mesta.* À l'origine, il y avait un *entregador* pour chaque *cuadrilla.* À partir de 1500, ils furent au nombre de six et ils eurent la charge de un à dix diocèses. Il y eut des *alcaldes de mesta* au Mexique parmi les *conquistadores**.

Alcalde mayor n.m. Juge ordinaire nommé par le roi ou par un seigneur, comme assesseur du *corregidor**.

Alcántara. Voir Ordres militaires.

Alcázar n.m. (de l'ar. *qasr,* forteresse, palais royal). L'Alcázar de Madrid* était la résidence royale des Habsbourg*, à l'ouest de la capitale. C'était une ancienne forteresse musulmane surplombant le Manzanares. Les Trastamare l'avaient choisi comme résidence royale au début du XVe siècle. Charles Quint fit agrandir l'édifice ancien dès 1537. Les architectes furent Alonso de Covarrubias puis Luis de Vega. L'Alcázar fut aménagé et décoré intérieurement (en particulier les fresques réalisées par Becerra, puis par le Bergamasque et Cincinnato) au temps de Philippe II quand Madrid* devint la capitale des Espagnes. Les talents d'architecte et de décorateur de Velázquez — nommé *superintendente de las obras* en 1643 — sont manifestes dans la décoration intérieure du palais. Les plafonds (le « salon des miroirs ») témoignent de l'influence du baroque italien. L'Alcázar servait à la fois de résidence royale et de siège de la Cour. Au temps de Charles II, c'était le séjour privilégié de la Cour et on avait aménagé la place du palais. Détruit par un incendie en 1734, il fut remplacé par le Palais royal.

Il y avait aussi un alcázar à Tolède*, à Ségovie et à Séville*. Alcázar est un toponyme assez répandu en Castille.

Aldea n.f. (de l'ar. *déia*, campagne, village), **village**. Bourgade qui dépend de la juridiction d'une *villa** ou *ciudad**.

Alfaquí n.m. (de l'ar. *faqîh*, théologien et jurisconsulte). Docteur en science coranique ou prêtre musulman qui assure la transmission de la religion et de la civilisation islamiques.

Alférez n.m. (de l'ar. *fêris,* cavalier, dér. de *fáras,* cheval : on confiait l'étendard royal au cavalier le plus agile), **porte-enseigne**. Aujourd'hui, sous-lieutenant. Dans les régiments du *tercio**, l'*alférez* est le lieutenant du capitaine. Il est responsable du drapeau de sa compagnie.

Alfolí n.m. (de l'ar. *al-hury*, le grenier public), **grenier à blé**. Grenier public ou privé où l'on entreposait les céréales ; c'était aussi un magasin où l'on gardait le sel.

Alguacil n.m. (de l'ar. *wazîr*, conseiller, vizir). Officier de police et de justice chargé du maintien de l'ordre. Dans certaines villes, il y avait l'*alguacil mayor* et des *alguaciles menores.*

Alhóndiga n.f. (de l'ar. *fúnduq*, auberge), **halle au blé**. Dans presque toutes les bourgades, il y avait une halle au blé — la *alhóndiga* — et un grenier public : *pósito* ou *alfolí público,* gérés par la municipalité, où l'on stockait les céréales achetées aussitôt après les récoltes, pour pallier les disettes, les crises frumentaires et la hausse des prix. À Grenade*, les *alhóndigas* servaient aussi de caravansérails ; on y logeait les marchands* de passage.

Alimentation. En Espagne, comme dans les autres pays d'Ancien Régime, le paysan se nourrit essentiellement de pain et de vin. On consomme en moyenne, par personne et par jour, entre une livre et une livre et demie de pain — pain d'orge, de seigle, ou pain noir (*pan* rubial*). Pour le vin, la ration quotidienne semble être d'un quart de litre de vin ordinaire, du vin de l'année vers 1550. C'est encore la ration des prisonniers du Saint-Office en 1676. On régalait chaque membre des jurys de *licenciamiento* à Salamanque* d'au moins trois *quartillos* de vin rouge ou blanc en 1619. À Pampelune, à l'occasion de la San Fermín, les autorités municipales ou *regimiento** boivent pendant la collation (*merienda)* « 29 *cántaros* (soit 341 litres) *de vino blanco de Zaragoza y clarete* ». Ces agapes duraient trois jours, il est vrai.

Voici, à titre d'exemple, le menu des jours gras dans une pension pour étudiants à Salamanque sous Philippe III. En entrée, un citron doux, du melon ou des fruits secs ; comme dessert des poires, des pommes ou des olives. Le plat principal comporte des lardons cuisinés avec du vin et des épices ou bien du filet de porc, puis 250 g de viande de mouton. Le soir, du chevreau (*cabrito*) et une salade de carottes. Ajoutez une viande rôtie ou des boulettes de viande, mais jamais la *olla**. Les jours de fête, on sert un petit pâté de viande hachée préparé dans un gobelet de cuivre : le *pastel* cubilete*, du riz au lait ou bien les *torrijas.*

Les jours maigres, on mange deux œufs, un peu de poisson salé (*cecial*) ou bien de la dorade ou du congre et une écuelle de riz. Le samedi est, à cette époque, en Espagne, le jour où l'on achète les abats : au menu il y a un plat de foie de mouton et un ragoût. Le soir, un ragoût de fressure de chevreau ou une omelette garnie de cervelles ou de rognons. Les volailles sont réservées aux malades ou bien sont servies les jours de fête. Voici quelques prix : un œuf, vers 1610, vaut 3 maravédis*, un poulet 32 maravédis et une livre de mouton, 18.

On utilise beaucoup d'épices pour relever le goût des plats et faciliter la digestion : cannelle, gingembre, noix de muscade, safran, clou de girofle, anis... Le sucre et le miel entrent dans la confection des pâtisseries, confiseries, confitures sèches et conserves de fruits. Citons les massepains parfumés au citron ou à la confiture de courge, la pâte de coing, les *bizcochos* au citron ou à la rose.

À Madrid*, on consomme toutes sortes de boissons rafraîchissantes, comme les *auroras*, le sirop d'orgeat, l'hypocras (une infusion de cannelle et d'amandes douces dans un vin édulcoré et sucré) ou l'*agraz*, cette boisson acidulée faite avec du raisin vert. Le chocolat* arrive avec la flotte des Indes* et devient une boisson très appréciée des Espagnoles et des moines.

Du pain d'orge, un peu de lard ou un morceau de viande séchée, des châtaignes, parfois le *gazpacho* ou la *olla*, tel est l'ordinaire des paysans de Castille, de Galice* ou d'Estrémadure*. La table des riches est plus abondante, avec de grandes quantités de viande de mouton, des œufs, des volailles et du gibier qui coûtent cher. Trop de protéines et de graisses animales, peu de produits lactés. Une alimentation monotone, en somme, et pas assez équilibrée.

Aljama n.f. (de l'ar. *yamâ a,* ensemble de personnes et plus particulièrement *yamâ a al-yahûd,* ensemble des Juifs). Communauté autonome morisque (*morería*) ou juive (*judería*) organisée comme une municipalité avec des notables et des magistrats, tels les *jurados** et les *alamines* qui gèrent les comptes des *aljamas*, sans oublier les *alfaquís**, ces docteurs en loi coranique.

Almadrabas n.f.pl. (de l'ar. *madraba*, endroit où l'on frappe ; dans les madragues, en effet, on prenait les thons en les assommant), **madragues**. Les *almadrabas* de Hércules et de Sancti Pietri, situées près de Cadix, appartenaient à la Couronne qui les affermait. Ces pêcheries constituaient un revenu appréciable et monopolisaient tout un personnel lorsque, en mai-juin, passaient les bancs de poissons. Les plus importantes étaient celles du duc de Medina Sidonia, sur la côte, entre Tarifa et Sanlúcar de Barrameda. C'était un haut lieu de la picaresque et le rendez-vous de nombreux marginaux.

Almojarifazgo n.m. (de l'ar. *músrif*, trésorier, percepteur). Les *almojarifazgos* étaient des droits de douane maritimes d'origine islamique, perçus dans les ports d'Andalousie, sur les importations et exportations. L'*almojarifazgo mayor* de Séville* était le plus important. Les trente et une douanes se situaient le long de la côte, du royaume de Valence au Portugal*, ainsi qu'à Séville* et à Jerez de la Frontera. Le duc de Medina Sidonia percevait l'*almojarifazgo* à Sanlúcar de Barrameda.

L'*almojarifazgo* des Indes* existait depuis 1543 et concernait les marchandises en provenance d'Amérique, transitant par Séville* et Cadix. Les *almojarifazgos* étaient affermés.

Almotacén n.m. (de l'ar. *muhtácib,* compter), **inspecteur des poids et mesures**.

Alpujarras. Voir Grenade et Morisques.

Alumbrado. Voir Illuminisme.

Amonestaciones n.f.pl. (du lat. *admonere*, avertir), **publication des bans**. La publication des bans à l'église, pendant la grand-messe, trois dimanches de suite avant le mariage*, est obligatoire depuis le concile de Trente*.

Annata n.f. (du lat. *annus*). Les *annatas* représentaient le revenu d'une année de bénéfice. C'était un impôt exigé par Rome au moment de pourvoir un bénéfice ecclésiastique (les évêchés et les abbayes en étaient exemptés). Le montant correspondait aux bénéfices de la première année qui suivait la nomination, d'où le nom. À partir du XVe siècle, lorsque le bénéfice était supérieur à 24 ducats, l'impôt fut réduit de moitié : *media annata.* Cet impôt, au XVIIe siècle, frappait également toutes les charges et était payé au roi.

Philippe IV, en 1631, avait imposé le droit de *media annata* — c'est-à-dire la moitié des revenus de la première année — sur tous les offices et charges non ecclésiastiques (conseillers, vice-rois* par exemple). Au XVIIIe siècle, cette mesure fut étendue à ceux qui devenaient Grands* d'Espagne ou qui recevaient un titre.

Arbitrista n.m. Les *arbitristas* sont des écrivains politiques, des réformateurs ou parfois de simples « faiseurs de projets » — le terme revêt alors une connotation péjorative. La littérature « arbitriste » naît après 1588, avec la défaite de l'Invincible Armada*, et connaît son apogée pendant le règne de Philippe III et les années 40 du XVIIe siècle. Chaque *arbitrista* pose le problème de la décadence du royaume : il faut restaurer* la monarchie et sortir de la crise démographique, économique et financière. Tous dénoncent des maux identiques : en premier lieu, les impôts trop lourds : *alcabalas** et *millones**, mais aussi les guerres, l'inflation, l'importation des marchandises étrangères, un clergé* régulier trop nombreux, les majorats*, la rente foncière : les *censos**, etc. Ils proposent une série de remèdes, dans leurs mémoires (*arbitrios*) qui peuvent être de véritables livres ou simplement quelques folios dédiés au roi. Les plus célèbres des *arbitristas* furent Martín González de Cellorigo qui publia son *Mémoire de la politique nécessaire et de l'utile restauration de la république d'Espagne* en 1600 et le professeur d'écriture sainte de Tolède Sancho de Moncada. Sa *Restauración política de España* date de 1619. Le discours arbitriste vise à convaincre le roi de prendre des mesures pour endiguer le « mal radical » : le manque d'hommes. En 1626, Pedro Fernández de Navarrete publie un ensemble de discours sous le titre *Conservación de monarquías y discursos políticos*, dont plusieurs sont consacrés au dépeuplement de l'Espagne et sont une glose de la *consulta** de 1619. Francisco Martínez de Mata, enfin, en 1650, dans son *Memorial,* cherche le remède universel capable d'arrêter le dépeuplement et de sauver l'Espagne.

Armada n.f. Flotte de guerre en Espagne. L'Invincible Armada, dont la finalité était l'invasion de l'Angleterre — *la Empresa de Inglaterra* —, compte 130 bateaux avec 18 973 hommes et transporte 2 431 canons. Partie de Lisbonne, en 1588, elle est déportée vers la mer du Nord et essuie une défaite sans précédent qui va être ressentie comme une catastrophe nationale. L'Armada vaincue entre alors dans l'histoire avec le qualificatif d'« Invincible ».

Armada de Barlovento. Créée en 1640, cette escadre avait pour mission de faire respecter l'autorité espagnole dans le golfe du Mexique et dans les Caraïbes.

Arras n.f.pl. (du lat. *arrae*, gages), **arrhes, le douaire de la femme**. Les *arras* étaient données comme présent à la femme par le futur époux. En échange, le fiancé recevait publiquement un baiser, conformément à la *ley del ósculo*. Les arrhes ne pouvaient dépasser le dixième des biens du fiancé. La femme pouvait en disposer à son gré. Voir Dot et Mariage.

Arrendamiento n.m. (*arrendar*, louer, de l'ancien *renda*). Affermage d'un droit, d'un impôt.

Arroba n.f. (de l'ar. *róba*, prononciation commune de l'ar. *rub,* quart), **arrobe**. 25 livres. Voir Poids et mesures.

Artisans, *oficiales*. Les *oficiales* sont toujours nombreux dans les villes et villages de Castille. Ce sont ceux qui exercent un métier manuel : *oficio*. Les métiers manuels — y compris celui de peintre — sont alors considérés comme vils et méprisables : *oficios viles y mecánicos*. Luis Ortiz*, dès 1558, et les économistes (*arbitristas**) du temps de Philippe III voient dans l'oisiveté et le mépris du travail manuel un des maux de l'Espagne d'alors.

Les métiers du textile sont majoritaires et omniprésents. Partout, on recense des tisserands de laine, soie, drap, lin ou chanvre, des foulons (*bataneros*), cardeurs, tondeurs, peigneurs de laine, des teinturiers et des alfatiers qui fabriquent des nattes et des espadrilles. Les métiers de l'habillement sont pléthoriques : tailleurs et cordonniers en tous genres sont des figures obligées de n'importe quelle bourgade d'Espagne. À Alcalá*, par exemple, il y a un tailleur pour moins de 200 habitants et un cordonnier-savetier pour 117 habitants. Citons encore les passementiers (*cordoneros*), les fabricants de chausses et de pourpoints (*jubeteros*), les *agujeteros* qui font les aiguillettes qui servaient à nouer les hauts-de-chausse, les gantiers d'Ocaña et de Ciudad Real, les bonnetiers, merciers, fourreurs et tous ceux qui font des rubans, dentelles et festons tellement à la mode au XVIIe siècle.

Ces artisans sont souvent regroupés par métier dans un quartier ou une rue à laquelle ils donnent leur nom : la rue des orfèvres dans la paroisse de San Salvador à Madrid* ou le quartier des potiers de Úbeda.

Asiento n.m., **parti, traité**. Contrat de change entre la Couronne et un particulier, pour payer la guerre ou pour assurer le départ de la flotte des

Indes* ou le bail à ferme de certains impôts. En échange, le roi accorde à l'*asentista* (traitant, partisan) un monopole commercial assorti de privilèges fiscaux. Les prêteurs sont des banquiers, allemands au temps de Charles Quint (les Fugger* et les Welser), génois sous Philippe II et Philippe III, judéo-convers* portugais avec Philippe IV, mais aussi des hommes d'affaires espagnols tels Simón Ruiz de Medina del Campo et Martín Ladrón de Guevara du Puerto de Santa María. Les avances faites au roi d'Espagne sont garanties par la consignation de recettes fiscales ; les *alcabalas** ou l'argent des Indes* sont les plus convoités.

Asistente n.m. Voir *Corregidor.*

Assolement. Rotation des cultures pour assurer la conservation de la fertilité des sols. Dans la moitié nord de l'Espagne, on pratique un assolement biennal avec jachère : l'*año y vez*, qui correspond à des régions fortement peuplées (15 à 20 hab./km²). Au sud, c'est l'assolement triennal : *cultivo al tercio*, lorsque les densités sont de l'ordre de 5 à 10 hab./km². Ailleurs, on trouve le *cultivo al quarto* et même *al quinto.*

Atarazana n.f. (de l'ar.vg. *dâr as-sána,* arsenal), **arsenal**.

Auberges. Les auberges espagnoles ont une mauvaise réputation — justifiée, il est vrai — du XVIᵉ au XIXᵉ siècle. On distingue les *mesones* (*mesón*, n.m., du lat. *mansio, onis,* demeure, auberge, ou du fr. *maison*), installés dans les villes, des *ventas* (*venta*, n.f., du lat. *vendita,* auberge) implantées le long des grands chemins — *caminos reales* — dans la campagne. Il y a de nombreux *mesones* dans chaque bourgade et les aubergistes tirent un profit appréciable de la vente de l'orge aux voyageurs. La nourriture qu'on y sert est redoutable et on conseille aux voyageurs d'apporter de quoi manger. Ce sont des endroits mal famés et sordides, lieux de toutes les rencontres, où les honnêtes gens répugnent à s'arrêter. On peut y trouver du pain (*pan**) noir ou une mauvaise omelette et on y dort à même le sol parmi les puces. Les aubergistes ont la réputation d'être des voleurs et demandent des sommes importantes aux voyageurs pour eux et leur monture. Les très nombreux muletiers (*arrieros*), qui sillonnent les routes* d'Espagne pour transporter les marchandises avec leurs mules, sont la clientèle privilégiée des auberges.

Audiencia n.f., **cour de justice**. En Galice*, à Séville* (1556), aux Canaries (1566), à Majorque et dans la Couronne d'Aragon* (Barcelone, Saragosse et Valence), il y avait des tribunaux de justice appelés *audiencias*. Saint-Domingue fut le siège de la plus ancienne *audiencia* du Nouveau Monde* (1511).

Autodafé n.m. L'*Auto público de fe* ou *autodafé* (mot d'origine portugaise) est une cérémonie expiatoire, solennelle, publique, un acte de foi, avec la participation des autorités locales et du juge royal ordinaire, au cours de laquelle on lit des extraits de procès et les sentences des condamnés en présence des coupables ou devant leurs effigies. Il s'agit aussi d'une abjuration publique et collective des crimes d'hérésie. On distingue l'*autodafé* général où le nombre des condamnés au bûcher est important et qui peut être présidé par le roi, comme celui de 1559 à Valladolid* où Philippe II fit serment d'aider l'Inquisition*. Dans l'*autodafé* général, la foule est généralement innombrable et le sermon est un temps fort de la célébration-spectacle baroque. Le sommet émotionnel de l'*autodafé* c'est, bien évidemment, la lecture des *méritos* et des sentences par des ecclésiastiques. Après que les condamnés à mort ont été remis aux bourreaux — la remise au bras séculier ou *relajación* —, il reste tous les autres condamnés qui doivent abjurer *de levi* (délits légers), *de vehementi* (délits graves d'hérésie) ou *en forma* (les judaïsants).

L'*autodafé* particulier est célébré dans une église ou la chapelle d'un couvent et il est public.

Auto sacramental n.m. Courte pièce allégorique à sujet sacré en l'honneur de l'Eucharistie qui était jouée le jour de la Fête-Dieu* et le jour de l'Octave, à l'origine sur le parvis de Santa María de la Almudena à Madrid*, puis sur les places. Calderón de la Barca écrivit de nombreux *autos sacramentales* dont il fixa le genre.

Avería n.f. (étym. incertaine, du génois ou du cat.), **avarie**. Impôt *ad valorem* qui frappait les transports maritimes entre l'Espagne et les Indes de Castille*. Le montant de l'*avería* couvrait en principe les frais de la protection des convois, en raison du développement de la piraterie. Les produits et les voyageurs transportés étaient soumis à l'*avería*. L'*avería* était essentielle dans la fiscalité de la *Carrera de Indias**. En 1640, l'*avería* ne rapporte plus car son taux est trop élevé (celui-ci est passé de 6% à 20 et 30%).

Ávila. Ville de Vieille-Castille. Reconquise à la fin du XIe siècle par Raymond de Bourgogne, le gendre d'Alphonse VI de Castille, Ávila fut entourée d'une enceinte fortifiée. Elle devint la résidence favorite des infants de Castille. Au XVIe siècle, la patrie de Thérèse d'Avila (née en 1515), la grande spirituelle et l'infatigable fondatrice de couvents réformés de carmélites*, était une cité florissante. C'est là que se tint, en 1520, la *Santa Junta* des *Comuneros**.

Aviso n.m. Bateau léger et plus rapide que la flotte des Indes* qui servait à envoyer des courriers entre l'Espagne et le Nouveau Monde. Les *avisos* de la *Carrera de Indias** prévenaient de l'arrivée de la flotte ou au contraire du retard de celle-ci.

Au XVIIe siècle, *aviso* désigne aussi un genre proche de la chronique. Josef Pellicer de Ossau Salas y Tovar, polygraphe et chroniqueur officiel de Philippe IV, écrit des *Avisos,* chaque semaine, de mai 1639 à novembre 1644, qui sont une mine de renseignements sur les événements de la Cour et sur l'Europe d'alors. Jerónimo de Barrionuevo rédige une série d'*Avisos* de 1654 à 1658.

Ayuda de costa n.f. Supplément de salaire annuel, attribué aux fonctionnaires, qui pouvait atteindre la moitié dudit salaire.

Azogue n.m. (de l'ar. *za'uq*), **mercure**. Le mercure provenait essentiellement de la mine d'Almadén, patrimoine de l'ordre de Calatrava, que Charles Quint avait affermée aux Fugger*. On exportait le mercure aux Indes*, en Nouvelle-Espagne où la demande était très forte, au Pérou, à Carthagène et au Honduras. Il était consommé par l'industrie minière car il servait à l'extraction de l'or et de l'argent. Au XVIIe siècle, le mercure d'Almadén ne suffisait plus et les galions* transportaient également du mercure venant d'Allemagne.

Azumbre n.m. (de l'ar. *tumn*, huitième partie). Mesure de deux pintes. Voir Poids et mesures.

B

Baldíos n.m.pl. (dér. de *balde*, gratis, de l'ar. *bâtil*, vain, inutile). Terres vaines appartenant à la Couronne et assimilées à des biens communaux*. Elles servaient au bétail.

Banditisme. *Bandolero* désigne tous les bandits de grand chemin, organisés en bandes (*bandos*). Le bandit est une figure obligée des récits de voyageurs du XVe au XIXe siècle. Au temps des Rois Catholiques*, il incombe à la *Santa Hermandad** de réprimer le banditisme et de punir les délinquants en milieu rural.

Sous Philippe II, les convois de métal précieux que le roi fait passer aux Pays-Bas* empruntent les routes à travers l'Aragon et la Catalogne*, jusqu'à Barcelone, et sont attaqués par des bandes redoutables, comme celle d'El Minyó de Montellá en 1587. Au moment du soulèvement des Morisques* de Grenade et de leur déportation en Castille, apparaissent des bandits/résistants morisques — les *monfíes* (de l'ar. *munfi*, exilé) — qui jouissent d'un grand prestige au sein de la population morisque, car ils incarnent la résistance armée et religieuse. Les plus célèbres sont El Joraique, El Meliche et El Seniz.

Les brigands sont présents dans l'ensemble de la péninsule ; toutefois, la Catalogne, l'Aragon et les montagnes pyrénéennes, Valence — surtout au XVIIe siècle —, l'Andalousie orientale et la sierra Morena sont une terre de prédilection pour les *bandoleros* et le brigandage. Des bandes comme celles de Perot Roqueguinarda et Joan de Serrallonga (sous Philippe IV) regroupent plusieurs centaines d'hommes. En Catalogne, les *miquelets* sont organisés en bandes.

Dès le début du XVIIe siècle, la crise économique est une des causes principales du banditisme. Viennent s'y ajouter une configuration géographique propice (Pyrénées, sierras), les rivalités aussi bien entre des familles (à Valence) qu'entre clans soutenus par un seigneur (la rivalité des *nyerros* et des *cadells* dans les années 1640 en Catalogne dont le vice-roi Santa Coloma et le chroniqueur Pellicer se font l'écho), les *fueros**, les seigneuries juridictionnelles, l'appui des nobles et du clergé en Catalogne.

Baptême, naissance. Les registres* de baptêmes tiennent lieu d'état civil dans l'Espagne moderne. D'une façon générale, on ne connaît pas la date de naissance des enfants. (En France, les curés ont été obligés d'inscrire la date de la naissance sur les registres à l'époque de François Ier.) Néanmoins, il arrive que le jour et l'heure de la naissance soient indiqués dans l'acte. Le délai est alors de quelques jours : entre le sixième et le dixième jour majoritairement. À Pastrana, au début du XVIIe siècle, l'intervalle est d'un mois ; à Vícar, deux semaines en moyenne. À La Rinconada (Séville), environ 14 jours après la naissance, au XVIIe siècle ; à Portugalete (Biscaye), entre 1708 et 1725, la date de naissance est précisée : plus de la moitié des enfants sont baptisés le jour même de leur naissance (*nació este mismo día)*, 42% le jour suivant la naissance *(nació el día antes inmediato*). À Balmaseda, en 1736, le délai moyen est de 3,27 jours.

L'ondoiement, ou baptême de nécessité, s'impose dans une population où la mortalité infantile est de l'ordre de 50%. Il était administré à la maison par la sage-femme (*comadre*) pour les enfants en péril.

Le mouvement saisonnier des naissances présente un maximum au printemps : février-mars, parfois avril et une pointe en automne : octobre-novembre.

Au XVIe siècle, Juan et María sont les prénoms les plus répandus dans l'ensemble de l'Espagne, suivis pour les garçons de Pedro, Francisco, Alonso, Diego, Miguel ou Cristóbal. Les filles se prénomment aussi Ana, Isabel, Catalina ou Francisca. Dans certaines régions, Joseph domine au XVIIe siècle (à Portugalete) et Josepha émerge au XVIIe siècle et surtout au XVIIIe siècle. Les prénoms composés apparaissent au milieu du XVIIe siècle. D'autre part, l'habitude devient grande de donner deux prénoms, voire plus, aux enfants, après 1650-1680.

Un seul parrain et une seule marraine accompagnent l'enfant, après le concile de Trente*. Une parenté spirituelle est établie entre eux et l'enfant.

Beata n.f. (du lat. *beatus,* heureux). Les *beatas* sont des dévotes, que l'on peut rapprocher des béguines flamandes. Ces pieuses femmes — célibataires ou veuves — vivent seules ou à deux ou trois dans une maison ; dans les *padrones**, elles sont recensées à l'égal des autres *vecinos*. Les tertiaires franciscaines vivent en communautés dans des maisons, appelées *beaterios*, situées souvent près d'une église. Toutes s'adonnent à la prière et aux œuvres charitables. La plupart de ces béates, sœurs du tiers-ordre, suivent la règle et portent l'habit de saint François ou de saint Augustin. Au XVIe siècle, il y eut des *beatas* compromises dans des procès inquisitoriaux et assimilées aux « illuminés » (*alumbrados*), telles Isabelle de la Cruz, tertiaire franciscaine, à Guadalajara, ou Francisca Hernández à Valladolid*.

De nos jours, le mot a une connotation résolument péjorative et évoque une personne d'une dévotion outrée.

Behetría n.f. (du bas lat. esp. *benefactoría*, dér. de *benefactor*, bienfaiteur), **alleu, recommandation**. Les *behetrías* étaient des seigneuries du nord de la Castille où les habitants choisissaient leur seigneur.

Bénédictins. On distingue les clunisiens (*benitos)* et les cisterciens (*bernardos*). Les *benitos* de Castille sont implantés dans la partie nord de la péninsule. Ils possèdent une soixantaine de monastères à la fin du XVIe siècle et la maison-mère est San Benito de Valladolid. Parmi les fondations les plus prestigieuses, citons Santa María la Real de Nájera, San Pedro de Cardeña, Santo Domingo de Silos, San Salvador de Oña, San Millán de la Cogolla... Certains monastères de la congrégation de la Couronne d'Aragon* sont aussi célèbres : Santa María de Ripoll, San Cugat del Vallés et San Juan de la Peña.

La Congrégation de Castille compte 41 monastères cisterciens en 1591 : Osera, Sobrado, Poblet en Catalogne* sont parmi les plus connus.

Beneficio eclesiástico n.m., **bénéfice ecclésiastique**. Charge spirituelle dotée des revenus de biens d'Église. Les évêchés, abbayes, cures, chapelles, chapitres*, prieurés sont des bénéfices accordés par l'Église à celui qui est tonsuré ou dans les ordres. Il existe des bénéfices « à charge d'âmes » (*curas de almas*) réservés aux curés de paroisse qui ont une charge spirituelle et des bénéfices « simples ». Au XVIIe siècle, les provinces qui jouissaient de privilèges : la Navarre*, la Couronne d'Aragon*, le royaume de Grenade*, les Canaries demandaient avec insistance que les bénéfices soient réservés à des natifs (*naturales*).

Berbería, **Berbérie**. Afrique du Nord.

Blanca n.f. Voir Monnaie.

Bodegón n.m. (de *bodega,* du lat. *apotheca,* cellier, dépense), **nature morte**. On distingue le *florero,* qui ne désigne que les bouquets de fleurs, des *bodegones,* qui représentent des mets, des gibiers morts, des tableaux de fruits ou de légumes ou une pièce de vaisselle. Les *bodegones* de Juan Sánchez Cotán, peints au début du XVIIe siècle dans les chartreuses de El Paular et de Grenade, sont célèbres.

Naturaleza muerta apparaît au XIXe siècle aux côtés du français « nature morte » et de l'anglais *still life.*

Le *bodegón,* c'est aussi la taverne, le cabaret installé sous un porche, où l'on vend du vin et de la nourriture.

***Buen Retiro* (Madrid)**. Situé aux limites orientales de Madrid*, sur le chemin d'Atocha — sanctuaire de la monarchie sous Philippe IV —, le palais du *Buen Retiro* fut construit pendant la décade 1630 par l'architecte et maître d'œuvre Alonso Carbonel. À l'origine, il y avait à cet endroit l'église et le monastère des hiéronymites* que Philippe II avait fait agrandir. C'était là que les souverains venaient se retirer en période de Carême ou de deuil. À l'avènement de Philippe IV, ce n'était qu'une modeste résidence royale. Olivarès* fut l'instigateur de la construction du nouveau palais et n'eut de cesse d'en offrir la réalisation à Philippe IV. En 1630, Olivarès fut nommé *alcaide** du *Cuarto Real de San Jerónimo.* Le *Palacio del Buen Retiro* devint véritablement « un palais pour le roi ». L'intérieur du palais — et en particulier le *Salón de Reinos* (achevé en 1635), qui disait la gloire de Philippe IV — était somptueux et fut une espèce de galerie de peintures où Philippe IV — mécène et collectionneur de tableaux, tapisseries et sculptures — réunit les œuvres d'art qu'il faisait venir d'Italie, de France ainsi que les tableaux de Velázquez, peintre de la Cour. Le *Buen Retiro* était entouré de vastes jardins avec des étangs, des canaux et des ermitages. Singulier paradoxe : ce palais fut construit pour le plaisir du roi et de la Cour, alors que l'Espagne connaissait la guerre totale et une situation économique et financière des plus préoccupantes.

Le *Buen Retiro* fut détruit en partie pendant la guerre d'indépendance et il ne reste aujourd'hui que de vastes jardins qui servent de parc municipal.

Bula de Cruzada n.f., **bulle de la croisade**. Revenu permanent de la Couronne, la bulle de la sainte croisade était un impôt ecclésiastique, une des trois « grâces* » concédée par le pape dès 1503 au roi d'Espagne pour une période de trois ans. Il s'agissait d'acquérir des bulles d'indulgence qui étaient prêchées. Les sommes collectées, normalement destinées à Rome pour la lutte contre les infidèles, furent accordées à la monarchie espagnole au moment de la guerre de Grenade*. Les paroissiens qui prenaient la bulle, moyennant deux réaux* à la fin du XVIe siècle, recevaient une indulgence plénière et étaient autorisés à manger des œufs ou des abats en Carême et le samedi. Les distributeurs de la bulle (*bulderos*) contraignaient les gens à acheter la bulle à l'issue de la prédication et les abus étaient grands. Les doléances des *Cortes** furent chroniques, surtout pendant le premier tiers du XVIe siècle. On se souvient du prêcheur de bulles de *La Vie de Lazare* qui usait de fourberies pour vendre les indulgences aux pauvres gens.

On percevait la bulle en Castille, dans la Couronne d'Aragon*, en Sardaigne, en Sicile et aux Indes*.

C

Caballero n.m. Les *caballeros* constituent la « classe moyenne de la noblesse ». Avec les *hidalgos**, ce sont les nobles de rang inférieur. À l'origine, le *caballero* est au service du roi et doit posséder un cheval et des armes. La *caballería despuela dorada* (noblesse à l'éperon doré) est réservée aux nobles adoubés ; en revanche, la *caballería de privilegio* était donnée aux nobles et aux roturiers. Le terme va ensuite désigner les membres des lignages locaux. Ils jouent un rôle essentiel au sein des municipalités, en détenant les charges de *regidores**. Les *caballeros* tirent leurs revenus de la terre. Certains peuvent être *señores de vasallos* et perçoivent des droits seigneuriaux. En Estrémadure*, vers 1500, les *caballeros* représentent entre 30 et 40% de l'effectif des nobles.

Les *caballeros de hábito* sont les chevaliers des ordres militaires*. Ce sont souvent des cadets de famille. Pour entrer dans un ordre militaire, ils se font adouber ; pendant cette cérémonie, ils reçoivent l'*hábito* militaire.

Cabildo n.m. (du lat. *capitulum*, assemblée de moines ou de chanoines), **chapitre**. Assemblée de religieux, de prêtres ou de chanoines dans les cathédrales ou les collégiales, chargés de chanter un office quotidien et de prier pour le diocèse. Ces chanoines détiennent un bénéfice (*beneficio eclesiástico**), appelé prébende.

Le *cabildo* désigne aussi, en Espagne et en Amérique, le conseil municipal. Un *cabildo* siège à Mexico depuis 1529.

Cahíz n.m. (de l'ar. *qafîz*, mesure de capacité pour les grains). Voir Poids et mesures.

Calatrava. Voir Ordres militaires.

Calificador n.m., **qualificateur**. Théologien auquel a recours le Saint-Office* pour qualifier l'orthodoxie des écrits et des paroles.

Callehita ou ***calle ahita***. Dans les *padrones**, on recense la population *callehita*, c'est-à-dire toutes les maisons, rue après rue, sans distinction de personnes ou de *vecinos**. Cela vient de l'expression *calle fixa*, qui désigne une rue dont les maisons sont contiguës, sans intervalle.

Cámara de Castilla n.f. Principale chambre du Conseil* de Castille qui s'occupait des patronages royaux et des nominations.

Camino español. Voir Valteline.

Cañadas n.f.pl. (dér. de *caña,* du lat. *canna,* vallée peu profonde ; chemin des troupeaux transhumants qui généralement suivent ces vallées). Les chemins de transhumance ou *cañadas* étaient un élément fondamental de la *Mesta**, depuis le Moyen Âge. Ils étaient larges et empierrés. Il y avait quatre grands axes : les *cañadas reales* de León, Segovia, Soria et Cuenca. Ils permettaient les déplacements des troupeaux entre les zones estivales du nord, dans les *sierras*, et les pâturages du sud : l'Estrémadure*, la Manche et la vallée du Guadalquivir, les *extremos* où les troupeaux passaient l'hiver. Les *alcaldes entregadores** étaient chargés de la défense des chemins de transhumance.

Cántara n.f. (dér. de *cántaro*, du lat. *cantharus*, sorte de grande coupe à deux anses). Voir Poids et mesures.

Capa y espada (ministro de). De cape et d'épée, c'est-à-dire noble, *hidalgo**, par opposition aux *letrados**. C'est celui qui ne porte pas la toge réservée aux juristes.

Cardinal-infant (don Ferdinand d'Autriche). Né le 16 mai 1609, don Fernando est le frère de Philippe IV. Archevêque de Tolède et cardinal en 1619, il mena une carrière politique et militaire. Il prit la succession d'Isabelle comme gouverneur aux Pays-Bas* et participa activement à la guerre de Trente Ans*. Il avait remporté l'éclatante victoire de Nördlingen sur les Suédois le 6 septembre 1634. Il mourut en 1641. On pense au tableau de Rubens qui représente le cardinal-infant à la bataille de Nördlingen.

Carmel. Le mont Carmel en Palestine a donné son nom à l'ordre des Carmes né au XIIe siècle. C'est un ordre contemplatif qui privilégie l'oraison et la vie érémitique. Thérèse d'Ávila et Jean de la Croix représentent le degré le plus élevé de la mystique carmélitaine ; ils vont, à travers leurs écrits, lui donner une dimension éminemment espagnole. Les carmes déchaux sont issus de la réforme de l'ordre, entreprise dans les années 1560. Thérèse d'Ávila, dans le livre des *Fondations,* se fait l'écho des péripéties qui accompagnent la création d'un nouveau couvent.

En 1591, on recense, pour l'ensemble du royaume de Castille*, 883 carmes (dans 50 couvents) et 373 carmélites (dans 17 couvents). À cette date, l'ordre du Carmel ne représente encore que 3,7% de l'ensemble des religieux du Royaume.

***Carrera de Indias*, Carrière des Indes**. Tout ce qui concerne la navigation entre Séville*, puis Cadix, et l'Amérique*. La Flotte des Indes comprend l'*Armada de la Guardia de la Carrera de Indias* qui escorte une fois l'an, en principe, la *Flota de Tierra Firme,* et l'*Armada y Flota de Nueva España* qui fait le trajet entre Cadix et la Vera Cruz. Au retour, les galions* *de plata* transportent l'argent (*plata*). La *Casa de la Contratación** gère l'envoi de la Flotte des Indes et les arrivées du précieux métal.

***Carta de arras y dote,* charte matrimoniale, contrat de mariage**. Voir Dot.

Carta puebla. Charte de peuplement. Écrit authentique destiné à consigner des droits et privilèges octroyés par le roi à une ville.

Cartes à jouer, *naipes/cartas*. Les cartes à jouer apparaissent en Espagne à la fin du XIVe siècle, en 1380 à Barcelone. Elles venaient peut-être d'Italie. En espagnol, deux mots servent à désigner les cartes à jouer : *naipe* et *carta*. Jusqu'au XVe siècle, c'est toujours *naipe* qui est employé, contrairement à ce qui se passe aujourd'hui. On crée le monopole (*estanco**) des cartes à jouer dans le royaume de Castille* vers 1543. Rodrigo de Dueñas, un marchand de Medina del Campo, obtient le monopole de l'importation et de la vente des cartes à jouer pour dix ans. En 1566, c'est le tour des Spínola. Chaque jeu de cartes (*baraja de naipes*) était soumis à un droit de 17 maravédis*.

Casa de la Contratación n.f. Maison du commerce des Indes*, la *Casa de la Contratación* fut créée et installée à Séville* en 1503, sur le modèle de la *Casa da Inda* portugaise. La *Casa de la Contratación* s'occupe du commerce, de l'organisation du départ des flottes et des problèmes techniques de la navigation (dès 1508, elle fonctionne également comme un centre cartographique).

Elle administre tout ce qui a trait au commerce des navires entre l'Espagne et l'Amérique. Elle contrôle le monopole du complexe portuaire Séville-Cadix. Elle arbitre les conflits entre les compagnies commerciales. La *Casa de la Contratación* dirige aussi le système fiscal (*avería** et *almojarifazgos**) et préside à l'embargo*, c'est-à-dire le blocage et la conversion forcée de l'argent des Indes en titres de rentes, les *juros**. La *Casa de la Contratación* renforce le Consulat* des négociants de Séville.

Casa a la malicia n.f. Après que Madrid* fut devenue la capitale des Espagnes, on avait construit des maisons qui, en principe, n'avaient qu'un seul étage pour échapper à l'obligation de loger un fonctionnaire du roi, un hôte imposé — *huésped de aposento*. Certaines *casas a la malicia* avaient néanmoins deux ou trois étages mais sans ouvertures (théoriquement) sur la rue et leur plan interdisait la séparation en deux logements. Voir *Visita de aposento.*

Castille, royaume de. Le royaume de Castille, à l'époque moderne, est le cœur de l'Empire ; il s'étend du nord cantabrique à l'Andalousie et du royaume de Murcie à l'Estrémadure*, soit 18 provinces* et 40 *partidos** (circonscription administrative et fiscale), en tout 378 000 km². C'est le centre fédérateur des Espagnes.

Le royaume de Castille est né au XIe siècle avec l'avènement de Ferdinand Ier. Castille apparaît en 800 et désigne un territoire au sud des montagnes cantabriques. Entre 1058 et 1062, la Castille englobe la Bureba et, en 1062, toute la Vieille-Castille appartient à Ferdinand, désigné comme « seigneur de Vieille-Castille, de León et de Galice ». De comté, la Castille est devenue un royaume. En 1492, on crée la dix-huitième province du royaume de Castille : le royaume de Grenade*.

Aujourd'hui, la Castille, ce sont les hautes plaines qui s'étendent au nord du Duero et à l'ouest du Pisuerga, la *meseta* en somme.

Castille d'Or, *Castilla de Oro*. Territoire conquis entre 1509 et 1511, qui va de Belém à l'embouchure du río Magdalena.

Catalogne (*Principat de Catalunya* depuis les Cortès* de Perpignan en 1350). La *Diputación del General* naît en 1359. En 1464, la Catalogne est rattachée à la Couronne de Castille, tout en gardant ses institutions propres : la *Generalitat,* les *Corts* et la *Diputació.* En 1640, lorsque Olivarès* va obliger les Catalans à entrer dans l'Union des Armes* et à héberger les soldats du roi — ce qui contrevenait aux lois de la Catalogne et au

« pactisme » (en effet, les Catalans devaient fournir aux soldats, exclusivement un lit, une table, une bougie, le sel, le vinaigre et l'eau) —, les paysans catalans vont se soulever, aidés par les *caballeros* ; Pau Claris, le chanoine d'Urgel, est alors élu président de la *Generalitat*. La Catalogne s'allie avec Richelieu, et Louis XIII est proclamé comte de Barcelone. Lors du *Corpus de Sangre**, le 7 juin 1640, le vice-roi* Santa Coloma est tué et la Catalogne s'embrase. En 1652, la Catalogne fait à nouveau partie de l'Espagne mais, par le traité des Pyrénées en 1659, elle perd à tout jamais le Roussillon.

Cédula n.f. (du lat. tardif *schedula*, feuille de papier, page). La *Cédula real* était un décret royal promulgué solennellement, sans consulter les Cortès*, à l'égal de la pragmatique (*pragmática real*). Ce texte était signé par le roi.

Celemín n.m. (de l'ar. hispanique *emenî*, pluriel de *umnîya*, cruchon ; désignait anciennement une mesure, équivalant à la huitième partie d'une autre). Voir Poids et mesures.

Censo n.m. 1. Contrat d'hypothèques datant de la fin du XVe siècle. La plupart des *censos* sont à perpétuité : *perpetuos*, même si, en théorie, ils sont rachetables : *al quitar*. Au XVIe siècle, un prêt hypothécaire garanti par la terre est un excellent placement. Les arbitristes* voient dans cette pratique le « mal radical » qui a déstabilisé la société castillane. Tomás de Mercado en décrit le fonctionnement : « Le propriétaire d'un bien immeuble reçoit de quelqu'un une somme d'argent, en échange de laquelle il s'oblige à verser au donneur une rente annuelle en argent (le taux était de 7,1%) ou en nature ». Les *censos* rachetables sont une des causes de l'endettement du paysan et de la ruine du royaume. Le *censo enfitéutico* (emphythéose) est un bail perpétuel ou à très long terme par lequel un propriétaire cède la jouissance d'un bien foncier (*bienes raíces*), sous la réserve d'une rente annuelle fixe, à une personne qui exploitera ce bien. Le *censo de por vida* est une rente viagère à intérêt.

2. Les *censos* désignent aussi des recensements de la population. Ils ont presque tous une vocation fiscale et sont exprimés en *vecinos** ou « feux ». Le premier recensement de type moderne, par habitants, est celui de Floridablanca en 1787.

Chancelleries. Les deux chancelleries — qui rappellent les parlements de province français — sont des cours suprêmes de justice. Le Conseil de Castille* fonctionne comme cour suprême d'appel. La première a son siège à Valladolid* depuis 1486 et étend sa juridiction au nord du Tage. La seconde, d'abord établie à Ciudad Real (1494), sera transférée à Grenade* en 1505 ; elle a compétence pour toute la partie sud du royaume de Castille*. Le Tage est la frontière entre les deux juridictions. Chaque chancellerie, divisée en quatre chambres *(salas)* criminelles et civiles, a un président et seize auditeurs (*oidores*). Voir *Audiencias*.

Chapín n.m. (dér. d'une onomatopée *chap* par imitation du bruit que faisaient les femmes qui portaient ces souliers incommodes). **Patin**. Socques, chaussures de femmes à hauts talons de liège, noués avec des rubans de couleur, parfois — raffinement extrême — parfumés, comme les gants.

Chapitre. Voir *Cabildo*.

Chartreux. Les chartreux, dont le fondateur fut saint Bruno (né vers 1030), sont des silencieux et des solitaires, des contemplatifs, des adeptes de la vie érémitique. Les chartreuses (*cartujas*) d'Espagne sont soumises à la Grande Chartreuse en France. En 1591, on recense cinq chartreuses, certaines situées dans des « déserts » comme le monastère de El Paular à Rascafría, dans la sierra de Guadarrama, qui compte 40 membres ; Nuestra Señora de Miraflores, près de Burgos, 35 ; Aniago et Olmedo, 18 chacune et Grenade, 22. Citons encore la chartreuse de las Cuevas de Séville et celle de Cazalla.

Chocolat (dér. de l'aztèque *xocoalt* qui signifie boisson à base de cacao). En Espagne, le chocolat va connaître, avec la découverte des Indes* et l'arrivée des galions* à Séville* qui apportaient les métaux précieux et le cacao, une vogue durable. Les Espagnols confectionnaient le chocolat avec les amandes du cacao grillées, du sucre, de la cannelle et de la vanille et le consommaient plusieurs fois par jour, accompagné d'un verre d'eau (*búcaro*). Les ecclésiastiques et les femmes avaient une passion pour ce breuvage qui, préparé avec de l'eau, selon le père Escobar, ne rompait pas le jeûne ! Les jésuites attendaient l'arrivée du cacao avec une gourmande impatience, et le meilleur chocolat était celui fabriqué par les pères récollets de Madrid*. Ce fut Anne d'Autriche qui introduisit le chocolat, *cacao theobroma* (boisson des dieux), en France.

Clergé. À l'époque moderne, l'Église espagnole a un rôle prépondérant au sein de la société et de l'État. Le clergé est nombreux, important et jouit globalement de grandes richesses. Il représente, pour l'ensemble de l'Espagne à la fin du XVIe siècle, 1,3 à 1,4% de la population totale. Il est clair que la population ecclésiastique augmente considérablement pendant la première moitié du XVIIe siècle (d'environ 30%), et les arbitristes* dénoncent unanimement le trop grand nombre de religieux dans une Espagne qui se dépeuple.

Le royaume de Castille* compte 5 archevêchés et 30 évêchés et la Couronne d'Aragon*, 3 archevêchés. Le clergé séculier (*clérigos*) rassemble plus de 30 000 prêtres à la fin du XVIe siècle et représente entre 1 et 1,5% de la population totale. Le nombre des *clérigos** est élevé dans l'ensemble du royaume de Castille, mais il y a néanmoins des zones démunies (Manche, Estrémadure*) sans prêtre.

Le clergé régulier représente 0,6% de la population totale du royaume de Castille avec plus de 34 000 religieux et religieuses de tous ordres. La prépondérance des ordres mendiants est remarquable. Dominicains* et franciscains* sont plus de 11 000, soit 56% du nombre total des moines du royaume. Les couvents sont majoritairement urbains. Un tiers des couvents sont des couvents de femmes. Plus de 40% des religieux appartiennent aux deux grands ordres mendiants. La Vieille-Castille et l'Andalousie sont les deux régions où l'on enregistre un nombre important de religieuses et de moines.

Clérigo n.m. Prêtre séculier, par opposition à *religioso,* religieux, moine.

Colación n.f. Voir Paroisse.

Colegios Mayores n.m.pl. Les *Colegios Mayores* étaient des institutions jouissant de la protection royale — qui apparurent dans les trois villes universitaires les plus prestigieuses au tout début du XVe siècle. Ces collèges furent appelés *Mayores* (supérieurs), en raison de l'existence de très nombreux autres collèges qui dépendaient des ordres religieux et militaires, de l'élite qu'ils formaient et aussi à cause des preuves rigoureuses de pureté de sang* qui étaient exigées des candidats boursiers.

Fondés à l'origine pour des étudiants méritants d'origine modeste, les *Colegios Mayores* furent détournés de leur vocation première au profit d'une élite aristocratique et de clientèles riches et fermées, s'autorecrutant par cooptation des nouveaux boursiers. À la fin de ses études dans un *Colegio Mayor,* le boursier (*colegial*) était assuré d'obtenir une haute charge dans l'administration ou dans l'Église. De nombreux *letrados** étaient issus des *Colegios.*

Les *Colegios Mayores* étaient au nombre de six :

- *Colegio Mayor* de San Bartolomé ou Colegio Viejo, à Salamanque*, fondé en 1401 pour 15 boursiers.
- *Colegio Mayor* de Santa Cruz à Valladolid*, fondé en 1484 pour 27 boursiers.
- *Colegio Mayor* de Santiago el Zebedeo ou de Cuenca, à Salamanque, fondé pour 20 boursiers.
- *Colegio Mayor* de San Ildefonso à Alcalá*, fondé en 1508 par le cardinal Cisneros pour 24 boursiers.
- *Colegio Mayor* de San Salvador de Oviedo à Salamanque, fondé en 1517 pour 18 boursiers.
- *Colegio Mayor* del Arzobispo à Salamanque, fondé en 1521 par l'archevêque de Tolède, Alonso de Fonseca, pour 22 boursiers.

Ajoutons le célèbre Collège des Espagnols de Bologne.

Ils furent supprimés en 1798.

Composiciones de casas. Voir *Regalía de aposento* et *Casa a la malicia.*

Comunes (du lat. *communis*) ou ***bienes comunales*** n.m.pl., **biens communautaires**. Depuis le temps de la Reconquête et de la *repoblación*, les municipalités possédaient des biens communautaires octroyés par les monarques. C'étaient des prés, des *dehesas** où les habitants menaient paître leurs troupeaux, des forêts (*montes*) pour le bois et les glands ou des *ejidos**, c'est-à-dire des aires à blé situées à l'entrée du village et servant pour les moissons.

***Comunidades* (de Castille)**. La révolte des *Comunidades* fut un mouvement insurrectionnel des villes de Castille contre la politique de Charles Quint à son arrivée en Espagne. Elle éclata entre 1520 et 1521. Le malaise entre un roi qui ne parlait pas le castillan, qui s'était entouré d'une cour flamande-bourguignonne (Adrien d'Utrecht, Chièvres, Le Sauvage) et qui n'avait pas cessé de distribuer des places et des bénéfices aux non-Castillans et ses sujets était toutefois plus ancien. Les Cortès* de Valladolid* avaient émis des doléances et rappelé que la mère de Charles, Jeanne la folle, gouvernait conjointement les royaumes d'Espagne (Jeanne avait en effet été proclamée reine à la mort d'Isabelle). Le 22 mars 1518, la Cour avait quitté Valladolid* où Charles était resté quatre mois, pour se rendre en Aragon et en Catalogne*. Le 12 janvier 1519, la mort de Maximilien puis l'élection impériale de Charles Quint allaient priver la Castille de la présence de Charles et entraîner des dépenses colossales alors que la Castille était dans un état économique préoccupant. La réunion des Cortès à Saint-Jacques, en mars 1520, où le *servicio** fut voté à grand peine, et le départ du roi à La Corogne marquèrent une cassure en Castille et affaiblirent le gouvernement autour du régent Adrien d'Utrecht. Ce fut la rébellion : à Tolède, en mai, le *corregidor** s'enfuit abandonnant la ville à la *comunidad.* On assista alors à une campagne antifiscale : des rumeurs et des fausses nouvelles circulèrent, véhiculées par les ordres mendiants. L'insurrection gagna Ségovie, Burgos, Zamora avec, à sa tête, l'évêque Acuña. À la demande de Tolède, on réunit une *Junta* — fédération des villes — à Ávila* : 13 villes votant aux Cortès s'y rendirent ; Murcie, Grenade, Séville, Cordoue et Jaén — l'Andalousie, en somme — ne répondirent pas à l'appel. La *Junta* élabora un programme politique bien connu, mais qui ne fut jamais appliqué. Le régent Adrien d'Utrecht et les membres du Conseil royal* étaient très isolés. Juan de Padilla entra à Tordesillas, à la tête des troupes *comuneras*, là où résidait Jeanne qui incarnait aux yeux des *comuneros* l'institution monarchique. Le 29 août 1520, la reine refusa de signer les papiers de la *Santa Junta.* Burgos se désolidarisa de la *Junta.* Adrien d'Utrecht forma un nouveau gouvernement à Medina de Ríoseco. Face à l'armée royale, les troupes rebelles, menées par don Antonio de Acuña, ravagèrent les campagnes. Le 5 décembre 1520, les troupes royales avec les nobles prirent Tordesillas. Le 23 avril 1521, ce fut la défaite des *comuneros* à Villalar*. Les trois chefs *comuneros* Padilla, Bravo et Maldonado furent exécutés sur-le-champ ; María Pacheco, la veuve de Padilla, continua le combat à Tolède jusqu'au 4 février 1522. À son retour, Charles proclama une amnistie générale dont furent cependant exclues 293 personnes.

Concile de Trente. Le concile de Trente (13 décembre 1545- décembre 1563) réalisa une œuvre considérable de restructuration de l'Église catholique. Paul III, après avoir lancé en 1536 la bulle de convocation, réunit à Trente — en terre d'Empire — le concile œcuménique que Luther avait appelé de ses vœux dès 1519. Le concile régla d'abord le problème des sources de la dogmatique « l'accès à la pureté de l'Évangile », puis il aborda celui de la justification et du péché originel (17 juin 1546). En 1547, il élabora une théologie des sept sacrements qui sont d'institution divine. L'*ex opere operato* s'imposa alors : les sacrements étaient en eux-mêmes source de grâce. Le décret sur l'eucharistie — le sacrement par excellence — fut un des points forts du concile avec l'affirmation de la présence réelle et de la transsubstantiation. En 1562, le mariage* fut déclaré sacrement, monogamique et indissoluble, dont les liens ne pouvaient être rompus que par la mort.

Le concile, à partir du décret sur la messe et sur l'ordre, restaura un clergé hiérarchisé, instruit et digne, et créa des séminaires ; rédigea un catéchisme ; obligea les évêques à résider ; les curés de paroisse à prêcher et à faire le catéchisme ; il entreprit la réforme monastique et la création de nouveaux ordres.

Conde-Duque. Voir Olivarès.

Conducta n.f. Voir *Tercio*.

Confréries, *cofradías* (dér. de l'archaïque *fradre*, forme castillane *fraile*, de l'occitan *fraire*, frère ; ce mot fut introduit avec l'arrivée des moines de Cluny). Les confréries ont une fonction spirituelle et caritative, hier comme aujourd'hui. Les membres, *cofrades (hermanos)*, et l'administrateur (*mayordomo*) se chargent des prières pour les défunts, de l'accompagnement des morts et des œuvres pies. À Madrid*, au XVIe siècle, dans la paroisse Santa Cruz, la confrérie de Notre-Dame de la Charité et celle « de la Paz », fondée par Isabelle de Valois en 1565, secouraient les prisonniers de la *Cárcel de Corte* et leur donnaient une sépulture ; les personnes décapitées étaient également du ressort de l'église Santa Cruz. Certaines confréries assistent les pauvres* et récoltent des aumônes pour doter des orphelines de leur paroisse. De nombreux hôpitaux* vivent grâce à une confrérie, tel l'hôpital de San Pedro de los Arcos de Medina del Campo.

Connétable, *Condestable de Castilla*. Cette charge honorifique de connétable des royaumes de Castille, León et Galice* fut créée en 1382 pour don Alonso de Aragón, marquis de Villena. En 1473, Henri IV la donna au comte de Haro, de la maison des Velasco.

***Conquistadores*.** Les Espagnols qui, partis aux Indes*, participèrent à la conquête du Nouveau Monde*. Pour le président de la *Audiencia** de Mexico, était *conquistador* « tout homme qui était en Nouvelle Espagne* avant la chute de Mexico ». Ces gens ordinaires étaient, pour la plupart, originaires de bourgades andalouses, d'Estrémadure* ou de Vieille-Castille. Plus tard, alors qu'ils étaient partis pour conquérir « le fabuleux métal », ils seront obligés de réclamer leur dû, de quémander une *merced de tierra* ou un blason... et beaucoup mourront endettés. Voici une courte biographie exemplaire d'un *conquistador* de Mexico (empruntée à la thèse de Bernard Grunberg, 1992) : Hernando Chavez, originaire de Séville*, arriva en Amérique en 1515. Il participa à la conquête de la Nouvelle Espagne et à celle du Guatemala. Il résida à Santiago. Il reçut la moitié de Chiquimula et Cinacatlán comme *encomienda**.

Conseil municipal, *concejo* (auj. *ayuntamiento).* Unité administrative de base dans le royaume de Castille*. Le *concejo* correspond à une communauté d'habitants, à une paroisse ou à un ensemble de villages. Il appartient à un domaine seigneurial (*señorío)* ou au domaine royal (*realengo*). *Municipio* et *cabildo* désignent aussi la municipalité de Castille. Les membres du conseil municipal sont les *regidores** (échevins) ou *veinticuatros** en Andalousie et *consellers** en Catalogne*. Les fonctionnaires municipaux sont les juges *(alcaldes** ou *justicia*), les jurats*, les collecteurs d'impôts et les greffiers (*escribanos*).*

Consejos n.m.pl., **conseils**. Le roi gouverne avec des conseils. Le Conseil d'État, créé en 1526, est le premier des conseils de la Monarchie. Il est commun à tout l'Empire. Le Conseil de Castille ou *Consejo Real de Justicia y Gobierno*, fondé en 1385, est l'instance suprême en matière de gouvernement, d'administration et de justice. Son président est un évêque ou un noble titré, il vient en dignité après le roi et préside les Cortès* et la *Cámara** de Castille (patronage royal de Castille) qui est une émanation du Conseil de Castille.

Il y a des conseils qui sont propres aux différents royaumes : le Conseil d'Aragon (1494) avec un vice-chancelier et six régents. Le *Consejo de Italia* est institué en 1555 pour s'occuper des affaires des possessions italiennes, Milan, Naples et la Sicile qui, avant cette date, dépendaient du Conseil d'Aragon. Le Conseil des Indes (*Consejo Real y Supremo de las Indias*) date de 1524 et traite des problèmes américains. Le Conseil des Flandres (Pays-Bas) date de 1588 et celui du Portugal de 1580 ; il siégera à Madrid à partir de 1582.

D'autres conseils spécialisés assurent la gestion de l'État moderne. Le Conseil des Finances ou *Consejo de Hacienda** (1524-1525) avec, à sa tête, le *Secretario de Hacienda.* Le Conseil de Guerre traite de la politique extérieure, des fortifications, de la flotte et des galères royales, et du budget de la défense. Le Conseil des Grands Ordres (*Consejo de Ordenes*), fondé en 1499, règle les affaires d'administration et de justice des trois ordres militaires* et religieux de Santiago, Calatrava et Alcántara. Le *Consejo de Cruzada** gère tout ce qui concerne le recouvrement de l'impôt ecclésiastique de la bulle* de la Sainte Croisade. Le Conseil de l'Inquisition, appelé *Consejo de la Suprema y General Inquisición** (la *Suprema*) date de 1483. C'est le Tribunal suprême pour tous les cas d'hérésie. À sa tête, il y a le Grand Inquisiteur (*Inquisidor General*).

Consell de Cent (Consejo de Ciento) n.m. Conseil de la ville de Barcelone, composé de 144 membres. Créé en 1265 par le roi Jacques Ier, il fut supprimé en 1714 à la suite des décrets de *Nueva Planta**.

Conseller-en-cap n.m. Membre de la *Diputació* en Catalogne*.

Consulado n.m., **consulat**. Institution qui regroupait et défendait les marchands* de certaines villes. Le premier *consulado de mar* fut celui de Valence en 1283, puis furent créés ceux de Majorque, Barcelone, Perpignan.... En Castille, Burgos, qui détenait le monopole du marché de la laine, obtint un consulat de commerce en 1494 et sa rivale Bilbao en 1511. En 1543, on créa le Consulat de Séville*, appelé *Universidad de los cargadores a Indias* dont le destin était lié à la *Carrera de Indias**. Les consulats étaient aussi des tribunaux qui jugeaient les différends entre les marchands ou les assureurs.

Consulta n.f. Avis écrit présenté au roi par l'un de ses conseils*.

Contadurías n.f.pl. Aux *Cortes** de Madrigal en 1476, les Rois Catholiques* réorganisèrent les finances royales du royaume de Castille*. On distinguait la *Contaduría Mayor de Hacienda* qui s'occupait de la fiscalité : perception des impôts et affermage ou abonnement de ceux-ci, et la *Contaduría Mayor de Cuentas* qui était chargée des paiements et réglait les dépenses de la Monarchie. Des *Contadores Mayores* (Grands Trésoriers) étaient à la tête des deux Chambres des comptes.

Coronilla. Voir Couronne d'Aragon.

***Corpus Christi,* Fête-Dieu**. La Fête du « Corps du Christ » existait en Espagne depuis le XIIIe siècle. En effet, le pape Urbain IV, en 1264, avait étendu cette célébration envers la sainte Eucharistie à l'Église universelle. À Madrid*, une procession solennelle partant de l'église Santa María de la Almudena s'effectuait selon un itinéraire, dans un espace processionnel défini. La procession a une double dimension sacrée et festive ; c'est un gestuel. Après le concile de Trente*, les processions et les *autos sacramentales** sont le point fort de cette solennité. Au XVIIe siècle, la procession du Saint-Sacrement durait, à Madrid, de 9 heures du matin à 3 heures de l'après-midi. Des danseurs, bouffons et autres virevoltaient autour du Saint-Sacrement. On jouait des *autos sacramentales**, c'est-à-dire des pièces courtes qui exaltaient le sacrement de l'Eucharistie, à l'origine, sur une estrade, en face de l'église Santa María et en présence du Saint-Sacrement, puis on construisit des chars (*carros triunfales*) qui servaient de scène mobile.

***Corpus de Sangre*, Corpus de Sang**. Le jeudi 7 juin 1640, jour de la Fête-Dieu*, un groupe de 4 ou 500 hommes habillés en *segadors** (faucheurs-moissonneurs) entrèrent dans Barcelone. Parmi eux, quelques insurgés. À la suite d'une altercation avec un jeune homme, un *segador* fut tué. Immédiatement tous les *segadors* se rendirent chez le vice-roi* Santa Coloma qui échappa momentanément à la furie des révoltés ; quelques heures plus tard, il était poignardé et les *segadors* s'étaient rendus maîtres de la ville. Le 11 juin, les rebelles furent chassés de Barcelone.

Corral de comedias n.m. Au départ, les représentations théâtrales avaient lieu à ciel ouvert, dans les cours intérieures des maisons où l'on dressait une estrade. À partir de la deuxième moitié du XVIe siècle, il y eut des *corrales*, c'est-à-dire des endroits fixes, des théâtres réglementés à Séville* (El Coliseo et celui de doña Elvira), à Valence (*corral* de l'Olivera), puis à Madrid* (*corral* de la Pacheca, de la Cruz et du Príncipe) dès 1568. Les théâtres (*corrales*) dépendaient d'hôpitaux* ou de confréries* et les bénéfices servaient à l'assistance des pauvres*. À Valence, le *corral* de l'Olivera subventionnait l'Hôpital général ; à Madrid, le *corral* de la Cruz était lié à la confrérie de *la Pasión y Sangre de Jesucristo*.

La scène était une simple estrade ; de chaque côté, un peu surélevées, se trouvaient les *gradas* réservées aux hommes. Au-dessus des *gradas*, les *aposentos*, puis les *rejas*, entendez les fenêtres des maisons donnant sur la cour et qui étaient louées pour la circonstance. Dans les hauteurs, les *desvanes* où se tenaient les gens respectables et les poètes. En bas, le parterre — *patio* — qui était divisé en deux parties par une poutre, le *degolladero* au nom suggestif, où il y avait les *mosqueteros*. À l'opposé, au-dessus des *alojeros* où l'on vendait des rafraîchissements, se trouvait la *cazuela* ou *jaula*, pour les femmes.

Corregidor n.m. (dér. de *corregir*, du lat. *corrigere*, gouverner). Nommé par le roi et le Conseil de Castille, le *corregidor* représente le pouvoir royal dans sa juridiction : une ville et sa *tierra**, une province* ou un ensemble de villes*. Il réside dans la capitale de la province et il a des fonctions judiciaires, administratives et militaires. Il y eut des *corregidores* en Castille dès le XIVe siècle. On en compte 63 en 1575 et 68 en 1597 dans les villes de juridiction royale (*realengo**). Si le *corregidor* est un militaire (*de capa y espada**), son lieutenant (*asistente*) est obligatoirement un juriste. Dans les terres des ordres militaires*, au XVIe siècle, les 22 *corregidores* se nomment *gobernadores* ou *alcaldes mayores**. À Séville*, on l'appelle *asistente*.

Le *corregidor* a de multiples tâches au sein de la municipalité. Il gère les finances du *concejo**, il fixe le prix des marchandises, il contrôle les poids et mesures* et il inspecte les marchés et la qualité des produits. Il veille au maintien de l'ordre public. Il reçoit son salaire de la municipalité. À l'issue de son mandat (un an en principe, mais souvent deux ou trois dans les faits), il y a une inspection : la *residencia**.

En Nouvelle Espagne*, il y avait aussi des *corregidores** ou *alcaldes mayores** nommés par le roi.

Cortado n.m. Voir Esclaves.

Cortes n.f.pl. Les *Cortes* sont la représentation du royaume et sont convoquées par le roi. Dans le royaume de Castille, 18 villes ont le privilège d'envoyer des représentants (*procuradores*) aux *Cortes* : Burgos, León, Zamora, Toro, Valladolid*, Salamanque*, Soria, Ségovie, Ávila*, Guadalajara, Madrid*, Cuenca, Tolède, Cordoue, Jaén, Séville*, Murcie et Grenade*. Chacune de ces villes *de voz y voto* (avec des représentants et le droit de vote) est à la tête d'une des 18 provinces fiscales. Il y a deux représentants par ville. Le clergé* et la noblesse ont cessé d'y siéger depuis 1538, les *procuradores* sont souvent des *regidores** ou *veinticuatros**. Les *Cortes* votent les *servicios** ; elles ont aussi une fonction législative. Le roi les convoque de façon irrégulière et dans la ville de son choix. Les autres royaumes péninsulaires ont également leurs *Cortes* : l'Aragon* depuis 1274, la Catalogne* en 1213, Valence en 1283 et la Navarre*. En Aragon, les *Cortes* se réunissent tous les deux ans et comptent quatre « bras ». À Valence, les *Cortes* se réunissent tous les trois ans et il y a trois « bras ». En Catalogne, les *Corts* se tiennent également tous les trois ans et comportent trois « bras » (*braços*). Depuis la fin du XIIIe siècle, il y avait une *diputació* avec des délégués des trois états. En 1359, la *diputació* prit le nom de *Generalitat.*

Coto n.m. En Galice* et dans les Asturies, le *coto* désigne une ou plusieurs paroisses* qui appartiennent à un domaine seigneurial. Cette division administrative peut correspondre à quelques « feux » (voir *Vecino**) et dépendre d'un *concejo** ou englober plusieurs paroisses, comme *el coto de Langreo* (Asturies) qui réunit 8 *feligresías* ou paroisses.

Couronne d'Aragon. La Couronne d'Aragon (*Coronilla*) est formée des royaumes d'Aragon (l'Aragon était devenu un royaume en 1035), de Valence (annexé entre 1232 et 1245) et de la Catalogne* (à partir du mariage, en 1137, de la reine d'Aragon Pétronille avec le comte de Barcelone Raymond-Bérenger IV), avec les Baléares (conquises entre 1229 et 1235) et le royaume de Naples. La capitale véritable de cette confédération de royaumes fut Barcelone. La grande époque pour l'Espagne catalano-aragonaise avait été le XVe siècle qui va déboucher sur l'unité espagnole. De plus, la conquête du royaume de Naples, dans la seconde moitié du XVe siècle par Alphonse V, avait ouvert un marché à l'industrie catalane.

En 1479, Ferdinand devient roi d'Aragon, de Valence et de Majorque, comte de Barcelone ; il avait épousé Isabelle de Castille en 1469.

Courses de taureaux, *Corridas de toros*. Dans l'Espagne classique, il n'y avait pas de fête religieuse ou profane sans courses de taureaux (*toros*), malgré les interdictions de Rome. Les ecclésiastiques ne devaient pas y assister en théorie. À Madrid*, pour la Sainte Anne, la San Isidro, la fête des Saints Pierre et Paul le 29 juin, etc., on organisait des courses de taureaux qui se déroulaient sur des places (*Plaza de la Villa, Campo del Rey, Plaza Mayor**). Pendant le règne de Philippe IV, il y eut 52 courses de taureaux, dont 22 à Madrid. On s'extasie, dans les relations*, sur les chevaux et les livrées, car c'est un sport noble et équestre. S'agissait-il de célébrer l'Immaculée Conception, bien avant que le dogme ne soit proclamé par le pape en 1854, les universités de Salamanque* et d'Alcalá* et la ville de Séville* prévoyaient des réjouissances avec des *toros*. Aux courses de taureaux étaient associées traditionnellement les *cañas* ou jeu de cannes (espèces de javelots jetés sur l'adversaire). On peut également citer les fêtes royales *de toros y cañas* qui se tinrent à Madrid à l'occasion du mariage du prince de Galles et de l'infante doña María de Austria, ou en 1622 pour la canonisation de saint Ignace de Loyola* et de saint François Xavier.

À Pampelune, la fête du saint patron San Fermín, aux XVIe et XVIIe siècles comme aujourd'hui, était associée à la fête taurine composée de l'*encierro* et de la course proprement dite sur la place del Castillo. C'était la municipalité, le *regimiento**, qui en avait la charge. Les courses de taureaux avaient lieu à l'origine le 25 juillet et la fête religieuse en octobre, puis on célébra la double fête en juillet.

Les courses de taureaux furent condamnées par des théologiens et trois papes publièrent des bulles sur ce sujet : Pie V en 1567 dans la bulle *De salute gregis dominici*, interdit toutes les courses de taureaux et frappa d'excommunication les participants et les religieux qui y assistaient ;

Grégoire XIII, moins sévère, interdit les courses de taureaux le dimanche et lorsqu'elles pouvaient avoir des conséquences funestes ; Sixte V, à son tour en 1586, s'indigne que les professeurs de Salamanque* assistent aux courses de taureaux et déclarent que les prêtres pouvaient y participer sans commettre de péché. De son côté, Thomas de Villanueva dénonça avec violence cette coutume *bestial y diabólica*, ce « jeu si cruel ».

Au XVIIIe siècle, c'est la forme populaire de la *corrida* : les courses où le *torero* combat à pied, qui va triompher.

Cuarto n.m. (du lat. *quartus*). Voir Monnaie.

D

Dehesa n.f. (du lat. tardif *defensa,* interdiction), **défens**. Pastis, terre clôturée et défendue contre les troupeaux. La *dehesa boyal* est une propriété communautaire destinée à nourrir les bêtes de somme du village. La *dehesa* peut être plantée d'arbres ou couverte de genêts et elle sert au ravitaillement en bois, glands, branchages de la population villageoise. Voir *Comunes*.

Derrota de mieses n.f., **vaine pâture**. Droit de faire paître le bétail communal après la moisson sur les terres en friche ou en jachère (*barbecho*). Cette pratique a subsisté longtemps dans une grande partie de l'Espagne.

Descalzas Reales. Ce monastère, situé dans le faubourg saint Martin, fut fondé à Madrid* par la fille de Charles Quint doña Juana, en août 1559. Il fut confié aux franciscaines déchaussées de sainte Claire et placé sous l'invocation de Notre-Dame de la Consolation. Des infantes et des membres de la famille royale se retirèrent dans le couvent des *Descalzas* : doña María, veuve de Maximilien d'Autriche, Marguerite d'Autriche, *sor Margarita de la Cruz*, fille de l'impératrice Marie et de Maximilien. Pellicer, le chroniqueur de la Cour de Philippe IV, relate, dans les *Avisos**, les prises de voile des filles de la haute noblesse, auxquelles assistaient le roi et la reine. Le 11 septembre 1640, on y célébra aussi les obsèques du comte de Schomberg, ambassadeur d'Allemagne.

Despoblados n.m.pl. Ce sont les villages dépeuplés, abandonnés par leurs habitants. Officiellement, en 1591, il y a 177 *despoblados* pour l'ensemble du royaume de Castille*, situés dans 18 des 40 *partidos**. Dans les Relations topographiques* (1575-1578), une question porte sur les *despoblados*. Ce sont les hauts plateaux castillans qui sont les plus touchés par les *despoblados* : les provinces de Zamora, Ségovie, Soria et surtout celles de Salamanque* et de Madrid*. Le phénomène du *despoblado* frappe essentiellement les hameaux, les petits noyaux de population dont le nombre de *vecinos** est inférieur à cinq.

Diezmo n.m. (du lat. *decimus*, dixième partie), **dîme**. En Espagne, le « tribut de Dieu » n'est pas un impôt strictement ecclésiastique. La dîme est un prélèvement d'environ un dixième sur toutes les productions de l'agriculture et de l'élevage. On distingue les *diezmos mayores* (grains, vin) et les *diezmos menores* ou *minucias* (œufs, volailles...).

Aux origines, ce n'était qu'un impôt payé en tant que rente du sol au seigneur direct. Puis s'imposa l'idée que les fidèles avaient l'obligation de payer un tribut à l'Église. Dans de nombreux villages de Castille, les dîmes étaient divisées en trois parties. Une part de la dîme allait au curé de l'église paroissiale, une autre à l'évêque et au chapitre diocésain, le dernier tiers au roi. Dans certains villages, à la fin du XVIe siècle, le seigneur percevait encore la totalité des dîmes, ainsi à Cerezo dans la province de Guadalajara. Les curés des paroisses ne touchaient qu'une faible partie des dîmes ; ils vivaient principalement des *primicias** et des offrandes.

Diezmos de la mar n.m.pl., **dîmes de la mer**. Dans les ports de la côte basque et cantabre, dans les Asturies et en Galice*, on perçoit des droits, appelés dîmes de la mer, sur les produits transitant par mer. Ces droits qui avaient été la propriété des Velasco, la famille des Connétables (voir à *Condestable*) de Castille, reviennent à la Couronne en 1559.

Divorce, *divorcio* (du lat. *divortium,* séparation [en général]). Le divorce, dans l'Espagne moderne, relève de la seule compétence de la justice ecclésiastique. En effet, le mariage* est un sacrement, il est donc indissoluble : « Ce que Dieu a uni, l'homme ne doit point le séparer » (Matthieu, X, 9). En 1563, le concile de Trente*, dans la session XXIV, établit que les liens du mariage ne pourront être rompus, même pour cause d'adultère, d'hérésie, d'absence prolongée du conjoint ou de mauvais traitements. L'Église refuse, en somme, d'admettre le divorce. Philippe II, le 12 juillet 1564, confirme le caractère sacramentel du mariage dans la *Novísima Recopilación de leyes* (1, 1, 13).

L'Église est seule habilitée pour dire les empêchements et dispenses de certains mariages (canons III et IV du concile de Trente*) et pour autoriser la séparation de « lit » (canon VIII) si la cohabitation entre époux est devenue impossible, mais sans que cessent les liens du mariage. Dans les constitutions synodales rédigées par les évêques, il y a une rubrique sur les divorces. Lorsqu'on demande le divorce, on engage un procès long et coûteux ; aussi beaucoup d'Espagnols mal mariés se réfugient-ils dans l'adultère ou la bigamie, en dépit de la condamnation morale et civile qu'ils encourent. Le concubinage est considéré comme un péché et puni, en cas de permanence ou de récidive, d'excommunication.

Des épouses — il s'agit en effet surtout de femmes — demandent le divorce devant les tribunaux diocésains. À Barcelone, au XVIIIe siècle, 76% des demandes de divorce émanent de femmes. Elles allèguent les injures et les mauvais traitements avec force détails, l'adultère du mari et aussi le fait d'avoir été mariées contre leur gré. En cas d'acceptation de la demande de séparation, la femme, comme elle en a le droit, réclame sa dot* et les acquêts (*dote y gananciales*).

Domestiques. Dans l'Espagne moderne, la domesticité est nombreuse, en particulier dans les villes. Les *padrones** (listes nominatives) recensent quantité de domestiques parmi toutes les catégories sociales, de l'artisan modeste au titré (voir *Título*) qui vit à la Cour. D'autre part, il est clair que servir est une façon d'échapper à la misère. Les emplois subalternes au sein d'une maison sont multiples et attirent les émigrants venus de province à partir de 1560 et pendant tout le XVIIe siècle. La paroisse madrilène de San Justo y Pastor compte 19,5% de domestiques en 1597, celle de Saint-Jacques, 14,3%.

Il y a les domestiques sans qualification : *criados* et *criadas*, et ceux qui ont une tâche précise : les nourrices (*amas*), les écuyers et les duègnes qui accompagnent les dames. Dans les grandes maisons, on trouve un majordome, un secrétaire, un chapelain, le maître d'hôtel, l'économe (*despensero*), le *repostero* qui a la charge de la vaisselle, celui qui fait les achats quotidiennement — il était interdit de faire des provisions des produits ordinaires —, le cuisinier et les marmitons, sans oublier tous les pages.

Les domestiques ne logent pas chez leur maître et prennent leurs repas à l'extérieur, souvent dans les gargotes bon marché. Ils perçoivent leurs gages de façon très irrégulière, parfois avec un retard de plusieurs années, comme l'attestent les testaments.

Dominicains, *Dominicos — la orden de Santo Domingo*. Fondé par saint Dominique en 1215, cet ordre mendiant s'est implanté dans tout le royaume, principalement dans les grandes villes de Vieille-Castille et d'Andalousie. En 1591, on recense plus de 4 000 moines et religieuses répartis dans 144 couvents. Les grands monastères de dominicains sont ceux de Salamanque* (avec 200 moines) et celui de Valladolid* (120 moines). Le collège de San Gregorio de Valladolid avec 40 frères est le plus célèbre. Les religieuses sont appelées *monjas de Santo Domingo* ou *de Santa Catalina*. Leur couvent de Aldeanueva (Salamanque) compte 130 religieuses. Les dominicains participèrent activement à l'implantation de l'Inquisition* et jouèrent un rôle dans cette institution. Parmi les dominicains espagnols célèbres, il faut citer Bartolomé de las Casas, les théologiens Melchor Cano et Francisco de Vitoria, et Louis de Grenade, ce maître de l'éloquence sacrée.

Don n.m. (du lat. *dominus*, maître). *Don* et *doña* marquent toujours une révérence dans l'Espagne classique. À l'origine, c'était l'indice de la haute aristocratie : les nobles de sang et des prélats. Au XVe siècle, le *don* est réservé à la noblesse titrée et aux *caballeros**. À partir du règne de Philippe II, il y eut une inflation du *don* parmi les simples *hidalgos**, si bien que le roi n'hésitait pas à refuser ce titre à ceux qui cherchaient à s'insinuer dans les rangs des *caballeros*. Les Espagnols ne rêvaient que de porter un « don ». C'est toutefois au XVIIe siècle que les abus seront les plus grands : des *pecheros** enrichis et des *hidalgos* vont usurper ce titre. Les arbitristes* dénoncent cette imposture. La littérature classique se fait l'écho exagéré de cette inflation des *dones* dans une société malade — dans ses couches inférieures — du paraître et du lignage. Le *don* a survécu aujourd'hui pour nommer les gens respectables.

Donativo n.m. (du lat. *donativum*). Don gratuit volontaire consenti à la Couronne par les différents ordres (*estamentos**). Avec Philippe IV, les *donativos* vont devenir obligatoires et répétés. Celui de 1624 est le premier du règne et le plus important. La Couronne percevra des *donativos* en 1629, 1631 et 1635.

Dot. La dot est une donation faite par l'épouse à son mari, afin de contribuer aux charges du ménage. Elle est consignée dans le contrat de mariage (*la carta de arras y dote*) appelé aussi *capitulaciones*. Le fiancé offre de son côté avant le mariage — *ante nuptias* — les *arras esponsalicias* qui correspondent théoriquement au dixième de ses biens mais qui peuvent aussi dépendre de la condition de la femme. La dot de la fiancée est inaliénable. Une dispense est accordée *propter dotem* lorsque la jeune fille n'a pas une dot suffisante pour se marier selon son rang et que seul un de ses parents accepte de l'épouser.

Chez les nobles, la dot et les *arras** atteignent des sommes fabuleuses, versées en argent liquide (en réaux* d'argent puis en maravédis*), en rentes ou *juros**. Il y a aussi le trousseau (*ajuar*) composé de bijoux, vaisselle en argent ou pierres précieuses et bien évidemment du linge, des tapisseries, des pièces d'étoffe, des livrées pour les domestiques... selon la fortune de la jeune fille.

Pour entrer au couvent, la femme devait apporter une dot confortable (parfois plus de 100 000 maravédis* au XVIe siècle) et un trousseau, au grand dam des familles modestes. Au XVIIe siècle, les *Cortes** avaient demandé de réduire les dots qui pouvaient atteindre plus de 1 000 ducats*.

Ducado n.m., **ducat**. Monnaie d'or valant 375 maravédis. Voir Monnaie.

E

Egipcianos n.m.pl. Voir Gitans.

Ejecutoria n.f. Voir *Hidalgo.*

Ejido n.m. (part. du verbe *exir*, sortir, du lat. *exire*). Pacage ou aires à blé situés à la sortie d'un village et qui appartiennent à la communauté villageoise. Au Mexique*, propriété collective de type communal dont bénéficient les Indiens.

Élevage. L'élevage extensif, principalement ovin, date de la Reconquête. C'étaient les *caballeros villanos* qui assuraient la garde des troupeaux, à cheval. L'élevage se développa au XVe siècle avec l'introduction du mouton *merino* dont la laine était supérieure à celle du *pardo*. On distinguait l'élevage local, sédentaire : *estante* ; l'élevage qui pratiquait une courte transhumance : *de travesío* ; et l'élevage transhumant : *trashumante*, géré par la *Mesta**, dont les troupeaux empruntaient les *cañadas**, ces chemins larges et empierrés. La grande région d'élevage du royaume de Castille* était la partie sud de la *meseta*, où se trouvaient les pâturages d'hiver (*invernaderos).*

Les éleveurs payaient un *servicio** au roi et le *montazgo*, taxe donnant le droit d'utiliser les terres communautaires. À partir de 1343, tous les troupeaux transhumants furent soumis une fois par an au *servicio y montazgo**.

Embargo. Dans la *Carrera de Indias**, saisie effectuée par le roi sur ce qui revenait aux marchands*, aux particuliers, lors du retour de la Flotte des Indes* à Séville*et à Cadix. Le roi donnait en échange des titres de rentes gagés sur les revenus de l'État : les *juros**. La crainte de l'embargo engendrait la fraude. Voir aussi *Casa de la Contratación*.

Encabezamiento n.m., **abonnement**. Les *alcabalas** sont soumises à l'abonnement : *encabezamiento general.* Le roi fixe avec l'accord des *Cortes** une somme globale pour une période donnée, répartie entre les différentes circonscriptions fiscales du royaume de Castille*. Les villes acceptent le prix total (*repartimiento al por mayor)* et se chargent de la répartition *al por menor,* à chaque *vecino** ou foyer fiscal. *Encabeza-*

miento signifie aussi un recensement à vocation fiscale des chefs de famille contribuables.

Encomienda n.f. (dér. de *mandar*, du lat. *mandare*, confier), **commanderie**. Commanderies des ordres militaires*. Bénéfices, prébendes des ordres militaires qui étaient donnés aux moines chevaliers.

En Amérique, ce terme, qui correspond au français « commande », désignait une communauté indienne soumise à un *conquistador** ou à ses descendants.

Érasmisme. L'influence d'Érasme de Rotterdam (1469-1536), ce maître de l'humanisme qui avait refusé de se rendre en Espagne, fut grande à la cour de Charles Quint et parmi certaines élites espagnoles. Après les *Adages* (1500), il publie en 1504 en latin l'*Enchiridion militis christiani* qui s'adresse à un laïc pieux et qui connaît une diffusion remarquable. La traduction espagnole paraît à Alcalá* en 1526 : *Enchiridion o Manual del caballero cristiano*. Dans son *Essai sur le libre arbitre* (*De libero arbitrio*) en 1524, il s'oppose à Luther dont le *De servo arbitrio* paraît en 1525. L'érasmisme est contesté toutefois à partir de 1527. En Espagne, ce courant spirituel est accueilli favorablement par l'empereur et son entourage à la Cour (Alfonso de Valdés). Érasme avait adressé à Charles Quint, en 1516, l'*Institutio principis christiani*. Un autre foyer de l'érasmisme, c'est bien évidemment Alcalá, avec Juan de Vergara et Miguel de Eguía, sans oublier Séville*.

Les érasmistes condamnent le relâchement des mœurs du clergé et les abus de l'Église catholique : ainsi Alfonso de Valdés dans le *Diálogo de las cosas acaecidas en Roma*. Son frère Juan de Valdés exalte l'amour de Dieu et l'autre grand commandement qu'est l'amour du prochain dans le *Diálogo de la doctrina cristiana*.

Esclaves. Groupe marginalisé très nombreux dans l'Espagne du XVIe siècle, principalement dans le Levant (Valence comptait 10% d'esclaves à la fin du XVe siècle) et en Andalousie (dans les villes portuaires comme le Puerto de Santa María et Séville*). En Estrémadure*, les esclaves représentaient 3,3% de la population des villes au XVIe siècle et seulement 1,3% au XVIIe siècle. Les grands centres du marché des esclaves étaient Séville, Valence et Lisbonne. Les esclaves qui travaillaient pouvaient racheter leur liberté : ce sont les *horros** ou *cortados** ou tout simplement *esclavos libres (libertos).* En effet, une partie importante des esclaves était utilisée comme main-d'œuvre et travaillait pour le compte d'artisans ou de commerçants. Le prix d'achat moyen d'un esclave est élevé au XVIe siècle : 23 ducats au début du siècle et 85 vers 1600. Des facteurs comme l'âge, le sexe, l'origine et les capacités entrent bien évidemment en ligne de compte.

On distinguait les esclaves blancs (musulmans ou morisques) et les esclaves noirs (*esclavos negros*) ou foncés (*morenos esclavos* ou *loros*) ; c'étaient les plus nombreux. Les esclaves étaient baptisés ; ils se mariaient entre eux (entre 1600 et 1650, on recense 299 mariages d'esclaves au Puerto de Santa María).

Depuis le début du XVIe siècle, on ne pouvait introduire des esclaves aux Indes* sans licence (gratuite ou payante : 2 ducats en 1513) du roi d'Espagne. En 1518, Charles Quint avait accordé 4 000 licences d'importation, gratuites, à Laurent de Gouvenot. Séville était le grand marché des licences.

La Couronne désirait participer aux gains de la traite. Les revenus provenaient des licences vendues donc en Espagne, de l'*almojarifazgo** payé aux Indes lorsqu'on y introduisait des esclaves (7,5 réaux pour chaque esclave embarqué en 1549 et 9,5 en 1554) et des ventes que faisait la Couronne. On embarquait en moyenne 300 esclaves sur les bateaux « négriers ». En 1528, on donna à Enrique Einger et Jerónimo Sayler un monopole pour approvisionner les Indes en esclaves : soit 4 000 en quatre ans, à raison de 40 ducats pour la vente de chaque esclave. En échange, la Couronne recevait 20 000 ducats. Vers 1550, la *Casa de la Contratación** vendait des licences 9 ducats l'une. Les Espagnols et des gens de l'Amérique espagnole — aussi bien des habitants de Séville que de Mexico — dominèrent la traite pendant une grande partie du XVIe siècle : le docteur Monardes, un riche marchand de Séville, Juan Antonio Vicentelo, puis Gaspar Jorge et Hernán Vázquez, deux « *vecinos* de México ».

Escorial. À l'origine, l'Escorial, dont le nom signifie un « amas de scories », était une bourgade de quelques « feux » où avaient existé une fonderie et une mine de fer. Philippe II choisit ce site austère et grandiose de la sierra de Guadarrama, assez proche de Madrid*, la nouvelle capitale, pour y édifier un monument colossal destiné à célébrer la gloire de son père et celle des Habsbourg* d'Espagne. À la fois panthéon et monastère (confié aux hiéronymites*), palais et bibliothèque royale, l'Escorial est placé sous l'invocation de saint Laurent — jour de la victoire de Saint-Quentin. Les architectes nommés par Philippe II furent Juan Bautista de Toledo, Gian Battista Castello et, en 1569, Juan de Herrera. Ce monument de style résolument sévère et classique devint le centre de la monarchie hispanique de Philippe II. Le roi dota l'Escorial d'une bibliothèque qui, à sa mort, comptera 14 000 volumes et d'une collection de peintures d'artistes flamands.

Escribanía n.f. Charge de greffier qui, à partir de la fin du XVIe siècle, pouvait être achetée ou transmise.

Escribano n.m. (du verbe *escribir*), **greffier, notaire**. Celui qui tient la plume. Nombreux dans les villes et villages d'Espagne, ils rédigeaient les contrats, les testaments et inventaires après décès. L'expression « notaire du nombre » (*escribano del número)* vient de la limitation du nombre des offices dans une localité. Il existait d'autres types de notaires : *escribano* du roi, du conseil municipal, *de provincia*, de *cámara*, (de chambre, dans les Chancelleries*), notaire du crime, *del crimen*. L'Inquisition* avait ses « notaires du secret ».

Estanco n.m. Monopole royal affermé par la Couronne sur les salines*, le tabac, les esclaves* (ou traite des noirs), le sublimé, les cartes à jouer*.

Estrémadure. Terres extrêmes qui se déroulent entre le Tage et le Guadiana, limitées par les monts de Tolède et la frontière avec le Portugal. À l'époque moderne, cette région est composée administrativement de la province* de León de Santiago et du *partido** de Trujillo. Ce sont des terres âpres et souvent désertes, des *latifundia* et des pâturages ; c'est une terre d'émigrants et le berceau des *conquistadores**.

Excelente de la granada n.m. Voir Monnaie.

Excusado n.m. Le *diezmo del excusado* était le produit des dîmes* payées par la famille qui venait en troisième position, dans une bourgade, pour l'importance de cet impôt. Le clergé* en faisait le don au roi. En 1571, le pape y ajouta la dîme due par la première famille de ladite paroisse. Cette « grâce* » fut accordée par la papauté à Philippe II.

***Expósitos*, exposés**. Voir Illégitimité.

F

Fabrique (de l'église), ***fábrica***. Biens, revenus d'une église paroissiale destinés à son entretien.

Factor-fator n.m. (du lat. *factor,* agent), **facteur, agent de marchands**. Représentant d'un particulier dans une opération commerciale, ou bien celui qui s'occupe des opérations financières au nom du roi — *factor general* —, tel Bartolomé Espínola au temps de Philippe IV.

Familiar (**du Saint-Office**) n.m. Nommés par la *Suprema** sur proposition des inquisiteurs locaux, protégés par le Saint-Office, les « familiers » étaient des auxiliaires laïcs, bénévoles, chargés d'arrêter les suspects. Leur nombre, très important, était proportionnel à celui de la population des localités (78 en 1544 à Cordoue). Les « familiers » étaient exemptés de l'impôt local, la *sisa**, ils avaient le droit de posséder et de porter des armes, ils échappaient à la justice ordinaire.

Famille. Dans l'Espagne classique, on est passé de la famille lignagère, de type patriarcal, à la famille nucléaire (parents et enfants). La famille conjugale avec les parents, les enfants et les domestiques* semble être la règle. Il y a rupture avec le XVe siècle où la famille lignagère dominait, en particulier dans la noblesse. Contrairement à une idée répandue, les familles n'étaient pas tellement « nombreuses » et les familles « complètes » (qui n'étaient pas brisées par la mort d'un époux avant la fin de la période de fécondité de la femme) étaient assez rares. On peut raisonnablement avancer une moyenne de cinq à six enfants par famille.

Fanega n.f. (de l'ar. *faníqa,* grand sac, mesure de capacité équivalente au contenu d'un sac), **fanègue**. Voir Poids et mesures.

Ferias n.f.pl. (du lat. *feria*, jour de fête), **foires**. À Medina del Campo, Medina de Ríoseco et Villalón, en Vieille-Castille, se tiennent des foires de marchandises (*ferias*) franches d'*alcabalas** (depuis 1489), très renommées au XVIe siècle. Ces foires sont vite devenues des centres internationaux de paiement — *ferias de pagos* — réunissant marchands*, banquiers, agents de change et courtiers (*factores**) européens. Les foires biannuelles de Castille sont en corrélation avec celles des Flandres* ; elles peuvent être retardées jusqu'à l'arrivée de la flotte des Indes* à Séville*. Paiements, contrats, et lettres de change* y sont honorés et les *asientos** remboursés.

Medina del Campo, la plus célèbre des foires, joue le rôle d'une capitale économique et financière jusqu'en 1575. Elle a deux foires annuelles, en mai et en octobre. Medina de Ríoseco, ville moyenne, bénéficie de deux foires, celle de Pasquilla en mars-avril et celle d'août. Villalón, située dans la Tierra de Campos, appartient au comte de Benavente et a une foire en Carême et une autre pour la Saint-Jean. Les villes de foire connaissent une crise irréversible à la fin du XVIe siècle.

Fêtes. Dans l'Espagne de la Contre-Réforme, le baroque réconcilie le profane et le sacré et milite en faveur d'une Église conquérante. Tout était prétexte à la fête et il était souvent difficile de dire où s'arrêtait la fête religieuse et où commençait la fête profane, aussi bien lors des canonisations de 1622 que des processions traditionnelles du *Corpus**.

Parmi les fêtes célébrées à Madrid*, on peut citer — sans prétendre à l'exhaustivité —, outre le *Corpus* et le Carnaval (*Carnestolendas*), les *Mayas* le 3 juin en mémoire de l'Invention de la Sainte Croix, la Saint Jean-Baptiste le 24 juin, les Saints apôtres Pierre et Paul le 29 juin, la Sainte Anne le 26 juillet.

Les villes, les universités* organisaient des fêtes solennelles et somptueuses pour les grands événements de la monarchie : mariages princiers, naissances d'infants (Felipe Próspero en 1658), obsèques royales — *honras* ou *exequias reales* — (pour Philippe III en 1621 ; pour Isabelle de Bourbon, la première épouse de Philippe IV, en novembre 1644), victoires (Fontarabie en 1638, la récupération de Barcelone en 1652), visites d'ambassadeurs, béatifications (1609) etc. Les processions étaient omniprésentes avec un déploiement de chars de triomphe représentant des allégories, de parades et de *máscaras,* de danses (*danzas y saraos*), de musiques (trompettes, hautbois, fifres, tambourins) qui pénétraient parfois jusqu'à l'intérieur des églises. Des feux d'artifice, des arcs de triomphe, des illuminations (*luminarias*) accompagnaient ces réjouissances. Les jeux équestres : courses de taureaux*, *cañas*, courses de bague et de quintaine, tournois se déroulaient à Madrid d'abord sur la *Plaza de la Villa* ou sur le *Campo del Rey,* puis sur la *Plaza Mayor**.

Fiel n.m. (du lat. *filum,* fil). Contrôleur des poids et mesures*.

Fiscal n.m. (du lat. *fiscalis,* ayant rapport au trésor public), **procureur**. Magistrat représentant le ministère public dans un tribunal.

Flandres (Pays-Bas). Les Pays-Bas (les dix-sept provinces) font partie de l'héritage bourguignon de Charles Quint. Charles de Gand, né et élevé aux Pays-Bas, est le petit-fils de Marie de Bourgogne et l'arrière-petit-fils de Charles le Téméraire. En 1559, Philippe II désigne sa sœur Marguerite de Parme comme gouvernante des Pays-Bas. L'opposition de la haute noblesse avec, à sa tête, le comte Lamoral d'Egmont, le comte de Hornes et surtout Guillaume d'Orange et les mutineries des soldats, par manque de soldes, sont des maux chroniques sous Philippe II. Les gouverneurs venus d'Espagne se succèdent — le duc d'Albe, Luis de Requesens (novembre 1573) — sans parvenir à résoudre durablement le problème des Flandres. Don Juan d'Autriche* arrive le lendemain du sac d'Anvers (le 2 novembre 1576), faute d'avoir reçu l'argent indispensable pour entreprendre la reconquête des provinces. Trahi par Antonio Pérez qui corrompt la teneur des lettres adressées à Philippe II, il échouera lui aussi et mourra à la tâche. Alexandre Farnèse fait son entrée dans Anvers après avoir reconquis les provinces du Sud le 27 août 1585. De 1578 à 1584, c'est une défaite pour le roi catholique, face aux rebelles hérétiques du Nord. Les campagnes des Pays-Bas sont un gouffre financier pour l'Espagne qui supporte une guerre interminable et ruineuse. En 1598, Philippe II délègue la souveraineté des Pays-Bas à sa fille Isabelle et à son gendre l'archiduc Albert. Les provinces du Nord se scindent après la trêve de douze ans signée en juillet 1609. Les Provinces-Unies du Nord, protestantes, sont reconnues libres, avec le prince d'Orange-Nassau comme stathouder (chef militaire de l'Union). En 1648, par le traité de Westphalie, l'Espagne reconnaît l'indépendance de la Hollande et cède les places de Berg-op-Zoom, Bréda et Maastricht.

Fogatge n.m. « Feu » en Catalogne*. Voir *Vecino* et *Censo* (2).

Foro n.m. (du lat. *forum*). En Galice*, bail emphythéotique, conclu pour plusieurs années, voire pour trois générations, et payé en nature. Contrat en vertu duquel un propriétaire « détenteur du domaine éminent ou direct » et appelé *forista* ou *aforante* cédait à un *colono forero* la jouissance d'un bien donné. En échange, le « *colono* » s'engageait à verser une redevance.

Franciscains, *Franciscanos*. L'ordre mendiant de saint François est omniprésent en Espagne. À la fin du XVIe siècle, on compte plus de 10 000 moines et clarisses : presque le tiers des réguliers de l'Espagne d'alors. On estime qu'il y avait 700 maisons à la fin du XVIIe siècle. Les couvents importants de franciscains sont ceux d'Alcalá* (avec 100 moines), Cordoue, Salamanque*, Zamora, Ségovie, Valladolid* et Burgos.

Les *monjas de Santa Clara* et les *monjas franciscas* sont implantées dans la plupart des *partidos**. Les couvents de Burgos, Cordoue, les deux de Grenade*, ceux d'Astorga, Carmona et Zafra regroupent de 70 à 90 moniales chacun.

Au sein des franciscains, il faut distinguer : les observants, ceux qui suivent la règle : les « *franciscos* », ils sont majoritaires ; à partir de 1557, les réformés ou franciscains déchaux (*franciscos descalzos*) qui avaient été exemptés de l'impôt des *millones** en 1590 ; les capucins et les *terceros* ou franciscains du Tiers Ordre.

Fueros n.m.pl. (du lat. *forum*, tribunaux de justice). Franchises accordées par le roi au moment de la Reconquête à des villes. Ce sont aussi les privilèges dont jouissent certaines provinces, comme le Pays basque, la Navarre* ou l'Aragon.

Fuero Juzgo. Compilation, en castillan ancien, du recueil des lois des Goths, le *Liber Wisigothorum*.

Fugger, *Fúcares*. Banquiers allemands qui connurent leur apogée sous Charles Quint. Voir *Asientos*.

Furriel ou ***aposentador*** n.m. Officier chargé du logement du roi et de la Cour et de marquer les logis. Le fourrier, dans les compagnies des gens de guerre, s'occupe de loger les soldats chez l'habitant ; il correspond au maréchal des logis.

G

Galera n.f. Maison de correction, prison pour femmes.

Galeras n.f.pl. (du cat. *galea*, du grec de l'époque byzantine *galéa* qui désigne des poissons comme le requin), **galères**. Les communications entre l'Espagne et l'Italie, la protection des côtes et la lutte contre les corsaires sont assurées par les galères. Outre les galères du roi, il y a celles fournies par le royaume de Naples et la Sicile et les galères de Gênes.

Galice. Le royaume de Galice regroupe à l'époque moderne six provinces (*provincia**) : Saint-Jacques, La Coruña y Betanzos, Lugo, Orense, Mondoñedo et Tuy. La Galice n'envoie pas de députés aux *Cortes** ; c'est Zamora qui parle en son nom jusqu'au XVIIe siècle. L'autorité royale y est représentée par un *gobernador*. La Galice est une des régions les plus individualisées du royaume de Castille*, un « finistère ». C'est une contrée montueuse tournée vers la mer avec des côtes découpées en *rías* profondes. Ces provinces sont très peuplées, avec des densités moyennes de 20 hab./km^2. L'habitat y est dispersé en hameaux et il n'y a pas de grandes villes : Orense, en 1591, compte 2 740 habitants et à Lugo, on recense 1 692 habitants lorsque la ville a fait son plein démographique en 1561. Saint Jacques (de Compostelle), haut lieu de la chrétienté, a connu avec ses pèlerinages un destin exceptionnel.

Galions, *galeones*. Navires de guerre de la flotte des Indes d'un tonnage moyen de 600 *toneladas*. Chaque année, on envoie aux Indes* des flottes : la flotte de Terre Ferme sous la protection des *galeones de plata* et la flotte de Nouvelle Espagne* accompagnée d'un convoi de galions. Certains galions étaient construits pour le compte de l'*avería**.

Germanía. (1519-1523). Révolte qui eut lieu à la fois à Valence et à Majorque. La révolte, d'abord urbaine, éclata à Valence en juillet 1519, puis gagna les autres villes du royaume de Valence et les campagnes. Les *Germanías* furent un mouvement antifiscal, dirigé par les petits artisans contre l'aristocratie locale. La peste* de 1519 à Valence, la fuite de la noblesse résolument dans le camp royal, vouèrent la *Germanía* à sa perte.

Gitans. *Gitanos* ou *Egipcianos*. Les Tsiganes habitaient le Nord-Ouest de l'Inde. Les Tsiganes d'Europe, après qu'on les eut remarqués sur la côte ouest de Morée baptisée la « Petite Égypte » furent appelés Égyptiens, gitans ou gipsies. Les gitans de Petite Égypte arrivèrent en Espagne au début du XVe siècle. En 1447, un duc, un comte et un groupe de gitans firent leur entrée dans Barcelone. D'après un document de 1470, venus par les Pyrénées (Canfranc), ils s'installèrent à Saragosse. Un autre groupe gagna Jaén et l'Andalousie.

Depuis 1499, une série de pragmatiques tentèrent de sédentariser et d'assimiler ces « Égyptiens, vagabonds, sans domicile... ». Ces pragmatiques furent reprises par Charles Quint et Philippe II, qui les condamnera aux galères* en 1560. En 1619, Philippe III, dans un désir de contrôler toutes les minorités, prit un décret d'expulsion générale, comparable à celui qui visait les Morisques*, à l'encontre de ce peuple différent — « vagabond, menteur, escroc », selon les contemporains — et sans doute nombreux en Espagne. La même année, Sancho de Moncada jetait l'anathème contre cette « secte oisive et perdue » et les contemporains assimilent volontiers « voleurs, gitans et brigands ». On reprochait aux gitanes de répandre leurs superstitions, de dire la bonne aventure, aux hommes d'être des espions à la solde des ennemis du roi d'Espagne, en particulier d'intelligence avec le Turc, de faire du commerce de bétail, etc.

Golilla n.f. Collerette blanche qui au XVIIe siècle va remplacer la *lechuguilla* (le collet à fraise) et la *valona* (rabat) à la française. *Golilla* désigne aussi métonymiquement les *letrados**.

Grâces *(tres gracias)*. Le pape et les évêques accordaient des indulgences et des « grâces » pour la lutte contre les infidèles : la bulle de la *cruzada**, le *subsidio** (le dixième des revenus ecclésiastiques) et l'*excusado**. Ces trois impôts extraordinaires étaient consentis au roi d'Espagne.

Gradas. Ce sont les marches autour de la cathédrale de Séville*, près de la *Casa de la Contratación**, où se traitent les affaires et où se rencontrent les *cargadores** qui chargent les caravelles. Tomás de Mercado, théologien sévillan, dans la *Suma de tratos y contratos* (publiée à Salamanque* en 1568), décrit les activités commerciales qui s'y déroulent. C'est aussi un haut lieu de la picaresque.

Gran Memorial. Voir Olivarès et *Unión de Armas*.

Grand d'Espagne (*Grande*). Les Grands se situaient au sommet de la hiérarchie nobiliaire. À partir de 1450, les *ricos hombres* du Moyen Âge furent appelés *Grandes*. Charles Quint en 1520 créa 23 Grands dont 4 appartenaient à la couronne d'Aragon* (Villahermosa, Segorbe, Denia et Gandía) et un à la Navarre*, Lerín (bientôt incorporé à la maison d'Albe). Philippe II institua la *cobertura*, c'est-à-dire la cérémonie où les Grands recevaient le droit de rester « couverts » en présence du roi. Les autres privilèges de la Grandesse étaient le titre de *primo*, c'est-à-dire être appelé « mon cousin » par le roi, un siège à la chapelle royale, n'être arrêté que sur ordre du roi ; ils avaient également le pas sur un archevêque. En 1627, il y avait 41 Grands et leur nombre s'accrut chaque année pour atteindre 119 en 1787. Au XVIe siècle, les Grands étaient une pépinière d'ambassadeurs et de vice-rois*.

Gremio n.m. (du lat. *gremium*, giron, sein), **corporation**. Les corporations sont des sociétés de secours mutuel et de protection pour les artisans. De nombreuses corporations apparaissent au XVIe siècle : à Burgos en 1509, les jardiniers (*hortelanos*) se groupent en *gremio* ; en 1528, c'est au tour des cordonniers ; celle des charretiers et cochers de Saragosse est fondée en 1590. Séville* compte 60 corporations et Grenade une quarantaine. À Valence, la corporation des tisseurs de soie et celle des cardeurs de laine (*pelaires*) sont très anciennes. Au sein des *gremios,* on entre comme apprenti (*aprendiz al oficio de*) ; après quatre ans, on devient *oficial*, puis, après avoir satisfait à un examen devant un jury, on a le titre de *maestro.* À l'intérieur de chaque corporation il existe aussi une hiérarchie : ainsi, parmi les cordonniers, on distingue les *zapateros de obra prima* qui taillent et cousent les souliers, des *zapateros de viejo* et *remendones* qui réparent.

La municipalité taxe les normes de fabrication et la qualité des produits, les salaires et la durée du travail. À la tête des *gremios*, on trouve les *veedores* en Castille, les *clavarios* à Valence et les *cónsules* en Catalogne*.

Les corporations ont un saint patron et font des fêtes* et des processions en liaison avec les confréries*. Ainsi à Séville*, en 1617, les orfèvres, les chirurgiens et les barbiers, les soyeux (*sederos*) et les fabricants de bonnets organisent des réjouissances (mascarades, tournois, processions, courses de taureaux*) pour célébrer le bref de Paul V à propos de l'Immaculée Conception de Marie. On retrouve ces mêmes fêtes à Valence en 1622 et en 1662. Au XVIIe siècle, la crise économique contribua au déclin des corporations.

Grenade, royaume de. Le royaume de Grenade fut le dernier royaume de l'Espagne musulmane — celui des Nasrides —, jusqu'à sa conquête par les Rois Catholiques* le 2 janvier 1492. Ce royaume de faible étendue mais très peuplé comprenait des massifs montagneux : la sierra Nevada, et de riches plaines, les *vegas* où se situait la capitale Grenade, au confluent du Darro et du Genil.

La ville de Grenade comprenait l'Alhambra (Madinat al-Hamra) — résidence princière —, avec ses palais construits au XIVe siècle (la Cour des Lions) et ses jardins qui faisaient l'admiration des voyageurs et des chrétiens, et l'*Albaicín** (le Rabad al-Bayyazin), le quartier maure.

Après la Reconquête, le gouverneur militaire don Iñigo López de Mendoza établit sa résidence dans l'Alhambra ; les mosquées allaient peu à peu être transformées en églises et on fonda des monastères (le premier fut celui de San Francisco de la Alhambra, dès avril 1492) ; les bains furent démolis. En septembre 1504, les Rois Catholiques* firent construire la *Capilla Real* où devait reposer leur sépulture à partir de 1521. On entreprit aussi la fondation de l'Hôpital Royal et la construction de la Chancellerie*; celle de la cathédrale fut confiée à l'architecte Diego de Siloé.

Charles Quint fit commencer la construction d'un palais de style Renaissance, qui demeura inachevé. L'architecte Pedro Machuca fut chargé du projet grandiose.

Guadalupe. Monastère de l'ordre hiéronymite* en Estrémadure*. Lieu de pèlerinages depuis le XIVe siècle.

Guardainfante n.m. Armature en laiton avec des rubans qui donnait du volume à la basquine. Cet artifice ridicule, adopté par les Espagnoles au début du XVIIe siècle, fut interdit en 1639.

Guerre de Grenade. Il faut distinguer la dernière étape de la Reconquête menée par les Rois Catholiques*, à partir de 1482, contre la dynastie des Nasrides, dont l'ultime épisode fut la prise de la ville de Grenade* le

2 janvier 1492, et la guerre de Grenade menée par Philippe II contre les Morisques*. Le soulèvement des Morisques de Grenade eut lieu en 1568-1569 et don Juan d'Autriche* fut chargé de la répression des rebelles. Les Morisques de Grenade furent contraints de quitter l'Albaicín, puis tout le royaume de Grenade après le décret de Philippe II, daté du 28 octobre 1569.

Ginés Pérez de Hita, dans les *Guerras civiles de Granada*, raconte les deux épisodes : d'abord les guerres civiles entre les Abencérages et les Zegríes et les batailles entre « les Maures et les chrétiens », puis la rébellion des Morisques.

En revanche, Diego Hurtado de Mendoza, dans son *Historia de la guerra de Granada*, ne relate que la guerre entreprise par Philippe II pour punir la révolte des Morisques.

Guerre de Trente Ans (1618-1648). Les Habsbourg d'Espagne* et les Habsbourg d'Autriche qui incarnent la monarchie chrétienne sont alliés contre les pays protestants du Nord soutenus par la France. En 1620, après la défaite des Tchèques à la Montagne Blanche, la Bohême est une possession de l'empereur Ferdinand.

En 1621, l'Espagne reprend la guerre contre les Provinces-Unies. Les deux défaites de Rocroi* (1643) et de Lens (1648) entraînent la capitulation de l'Empire et marquent la fin de l'hégémonie espagnole en Europe. Après les traités de Westphalie (juin 1648), l'Espagne continue la guerre contre la France.

H - I - J

Habices n.m.pl. Revenus de biens fonciers qui servaient aux Maures de Grenade* pour l'entretien des mosquées. Les Rois Catholiques* conservèrent ces revenus et les donnèrent aux églises.

Hábito n.m. Habit et titre de chevalier. Voir Ordres militaires.

Habsbourg d'Espagne (*Austrias*). Les Habsbourg d'Espagne ont régné de 1516 à 1700. En Espagne, ils furent appelés les *Austrias* : Charles Ier (1516-1556), Philippe II (1556-1598), Philippe III (1598-1621), Philippe IV (1621-1665) et Charles II (1665-1700). Charles II mourut sans héritier en 1700 et une dynastie « étrangère » s'installa en Espagne. Il avait désigné pour lui succéder Philippe d'Anjou, le petit-fils de Louis XIV. L'arrivée du premier des Bourbons d'Espagne — Philippe V — allait entraîner la guerre de Succession qui s'acheva en 1715.

Hacienda n.f. La *Hacienda Real,* ce sont les Finances, le Trésor royal. En Amérique, c'est la grande propriété.

Hidalgo (*fijo d'algo = hijo de bien*, celui qui possède du bien). Les *hidalgos* représentent 10,2% de la population totale de l'Espagne à la fin du XVIe siècle et constituent un des ordres* sociaux les plus originaux. C'est le premier et le plus ancien grade de la noblesse. Aux XVIe et XVIIe siècles, être *hidalgo* est un statut juridique privilégié : c'est ne pas payer le *servicio** au roi, être exempté des impôts municipaux et n'avoir pas à loger les soldats de passage. L'*hidalgo,* exempté fiscal, s'oppose au roturier (*pechero**). Les *hidalgos* ruinés et faméliques de la littérature classique n'ont plus grand-chose à voir avec l'*hidalgo de sangre.* On associe alors volontiers *hidalguía* et pauvreté. Le représentant le plus illustre est Don Quichotte, l'ingénieux *hidalgo* de la Manche.

À l'origine, ce terme désigne celui qui possède du bien : *fijo d'algo, fidalgo, hijo de algo, hijodalgo, hidalgo.* C'est une condition économique. On distingue l'*hidalgo notorio* ou *de sangre* : c'est le noble par excellence dont la noblesse remonte à la nuit des temps, dont le lignage et la maison ancestrale (le *solar**) sont connus de tous. L'*hidalgo de privilegio* a reçu son *hidalguía* du roi, en récompense de services rendus à la

Couronne. L'*hidalgo de ejecutoria* a dû prouver sa noblesse devant une des deux chancelleries* ; ces *hidalguías* sont souvent en litige. Ajoutons les *hidalgos de bragueta* qui avaient reçu une exemption fiscale pour avoir eu sept garçons ! et les docteurs des grandes universités*.

Plus de 10% de la population est réputée *hidalga*. Les *hidalgos* se situent majoritairement dans la partie nord de l'Espagne. Les Asturies et la Trasmiera* (l'actuelle Cantabria) rassemblent 34,5% des *hidalgos*. 62,3% des nobles sont établis dans les deux provinces* fiscales de Burgos et de León. À l'opposé, on note une faible implantation nobiliaire en Andalousie et en Estrémadure* (respectivement 6,6% et 3%). La noblesse est essentiellement urbaine : 40% des *hidalgos* vivent à la ville, dans la partie centrale et le Sud de l'Espagne. En revanche, dans le Nord cantabrique et au Pays basque, les *hidalgos*, qui sont les trois-quarts de la population, vivent en milieu rural, ce sont des gentilshommes campagnards ou *hidalgos de abarcas*.

***Hierbas* (*de renta*)** n.f.pl. (du lat. *herba*). Voir Élevage et *Maestrazgo*.

Hiéronymites (du gr. *Hieronumos*, Jérôme), ***la orden de San Jerónimo***. L'ordre de saint Jérôme était particulièrement florissant en Espagne. Les hiéronymites suivaient la règle de saint Augustin et étaient partisans de l'exclusion : les moines du monastère de l'Escorial* refusèrent ainsi, en 1624, un religieux dont le grand-père avait été savetier et, encore en 1667, un postulant dont les grands-parents maternels avaient possédé une tannerie. Ils exigeaient la pureté de sang* pour leurs membres. Il y eut de nombreux judéoconvers* parmi les hiéronymites. Les *jerónimos* étaient surtout implantés dans la partie sud de la péninsule et étaient absents de la Galice* et du Nord cantabrique. Ils étaient rattachés au monastère de Lupiana. Les deux monastères les plus prestigieux et les plus riches étaient *Guadalupe** et l'Escorial qui comptait 200 moines et de nombreux serviteurs. Le monastère de l'Escorial possédait des exploitations agricoles et forestières, des troupeaux d'ovins et détenait le monopole de la vente des bulles et des livres de prières.

Hôpitaux. Au XVIe siècle, les réformateurs de la bienfaisance préconisaient de créer des hôpitaux pour les enfants exposés* (à la charité publique : les enfants trouvés) et de centraliser les différents hôpitaux de chaque ville qui ne disposaient souvent (mis à part les très importants) que de quelques lits, dans un « hôpital général ». Le premier fut celui de Valence en 1512. Valladolid* comptait une dizaine d'hôpitaux dont l'Hôpital Général. Beaucoup de ces hôpitaux étaient spécialisés : lépreux, maladies mentales (hôpital del Nuncio à Tolède). Au début du XVIe siècle, on construisit l'hôpital des Rois Catholiques* à Saint-Jacques, celui de Santa Cruz à Tolède, fondé par le cardinal Mendoza, et l'Hôpital royal de Grenade. En 1561, il y avait 47 hôpitaux à Séville*.

Horro n.m. (de l'ar. *horr,* de condition libre). Voir Esclaves.

I

Ignace de Loyola. Né en 1491 à Loyola (Guipúzcoa), ce jeune noble se convertit après avoir été blessé au siège de Pampelune en 1521. Il se retire à Manresa et commence à écrire les *Exercices spirituels*. En 1525, il étudie à Barcelone, en 1526 à Alcalá* et en 1527 à Salamanque* puis, après des ennuis avec l'Inquisition*, il se rend à Paris (1528-1535). Avec ses premiers compagnons et disciples (François-Xavier), il prononce le vœu de Montmartre. Il est ordonné prêtre en 1537. Le 27 septembre 1540, le pape Paul III signe la bulle *Regimini militantis Ecclesiae* qui confirme la Compagnie de Jésus. Ignace de Loyola est élu général à la tête de la Compagnie en 1541. À Rome, il élabore les *Constitutions* du nouvel ordre. Il meurt le 31 juillet 1556. La Compagnie compte alors douze « provinces », 150 fondations et environ 1 000 jésuites*. La spiritualité ignatienne est celle de la *devotio moderna.* Au cœur du système ignatien, il y a l'obéissance à Dieu et au pape. Saint Ignace sera béatifié en 1609 et canonisé en 1622. Des fêtes* solennelles célébreront la canonisation dans l'ensemble des assistances.

Illégitimité. Les enfants illégitimes sont nés de parents non mariés. Le concile de Trente* condamne les relations sexuelles hors mariage* et rappelle que les curés de paroisse doivent préciser dans l'acte de baptême si l'enfant est légitime ou non. Les enfants illégitimes sont souvent nés de parents célibataires (on précise parfois que le père est un « fils de famille »). Le deuxième cas, c'est lorsque le père de l'enfant est inconnu : on trouve de nombreux enfants d'esclaves*. Il peut s'agir enfin d'un enfant né d'une servante et du maître de la maison. Il arrive que les deux parents soient inconnus. Les taux d'illégitimité sont assez bas dans les paroisses de Castille : à Laredo, 0,5% ; à San Vicente de la Barquera, 2,8% ; 1,4% à La Rinconada (Séville) au XVIIe siècle ; 1,8% à Portugalete de 1580 à 1730. À Valladolid* et à Madrid, au XVIe siècle, on estime que 10% des naissances sont illégitimes. Au XVIIIe siècle, globalement, on enregistre des taux d'illégitimité plus élevés.

Les enfants trouvés, exposés à la charité publique (*expósitos*), sont relativement nombreux dans les villes au XVIe siècle et les municipalités, dans leur souci d'assistance aux pauvres*, édifient des maisons charitables et des hôpitaux* pour les recueillir et les élever : à Valladolid*, à Séville*. À Madrid* la confrérie* de Nuestra Señora de la Soledad fonde, en 1574, la Inclusa sur la paroisse San Ginés pour recueillir tous les enfants abandonnés de la capitale.

Illuminisme, *alumbradismo*. Courant mystique hétérodoxe qui marque la vie spirituelle espagnole et qui apparaît en Espagne pendant la première moitié du XVIe siècle. Ce mouvement d'intériorisation se développe dans les milieux franciscains. Les *alumbrados* (illuminés) nient toute médiation spirituelle entre Dieu et les hommes. Ils refusent les prières traditionnelles, la confession et les sacrements et toute hiérarchie ecclésiastique. Ils prônent le *dejamiento*, c'est-à-dire l'abandon total à Dieu, l'union mystique avec Dieu par une prière individuelle, l'oraison mentale qui conduit à un état de perfection. L'illuminisme préparait le terrain pour l'érasmisme*. La première vague d'*alumbrados* apparaît entre 1519 et 1529 avec Isabel de la Cruz, María de Cazalla, Pedro Ruiz de Alcaraz à Escalona. C'est à Tolède qu'a lieu l'*autodafé** où ils sont condamnés. Dès 1525, l'Inquisition* avait publié l'*Edit contre les illuminés* — du royaume de Tolède. Un second foyer où sont impliqués des religieux et des *beatas** (tertiaires franciscaines) est découvert à Llerena, en Estrémadure* en 1570-1579, et l'affaire se termine par l'*autodafé* de juin 1579. Un troisième groupe de onze personnes sera condamné à Séville* en novembre 1624.

Indes de Castille, *Indias*. Les terres découvertes par Christophe Colomb et celles conquises par Hernán Cortés et les autres furent baptisées les « Indes occidentales ». Les Espagnols employaient communément le vocable « *las Indias* » pour désigner le Nouveau Monde. Le Conseil des Indes* fut créé en 1524 pour superviser toutes les affaires relatives aux différents territoires de l'Amérique espagnole, ce morceau de l'Empire.

Inquisition (Saint-Office). Le tribunal de l'Inquisition fut créé dans le royaume de Castille* en 1478 à la demande des Rois Catholiques* et avec l'autorisation du pape (bulle du 1er novembre) pour extirper l'hérésie (*la herética pravedad*). L'Inquisition existait déjà en Aragon depuis 1238. Elle poursuivit d'abord les judaïsants, puis les Morisques*, les protestants et les illuminés*, mais aussi les vieux-chrétiens coupables d'une déviance (bigamie, sorcellerie*, péché abominable ou *pecado nefando,* blasphèmes, sollicitation en confession). L'Inquisition était un tribunal ecclésiastique soumis à la fois au pape et au roi. Des tribunaux provinciaux furent mis en place dans tout le royaume de Castille* à partir de 1480 : à Séville dès octobre 1480. Le premier *autodafé** eut lieu dans cette ville le 6 février 1481. De nouveaux tribunaux apparurent à Cordoue (1482), Santiago, Llerena, à Ciudad Real en 1483 — ce dernier sera transféré à Tolède en 1485 —, à Jaén (1483). À la fin du XVe siècle, il y avait aussi des tribunaux à Valladolid*, Ávila*, Medina del Campo, Ségovie et Sigüenza. Ceux de Valence, Barcelone, Saragosse dans la Couronne d'Aragon*, existaient depuis déjà deux siècles. Citons enfin Lima, México et Cartagena de las Indias en Amérique. L'Inquisition fut établie au Mexique* en 1571.

Le Conseil* Suprême de l'Inquisition (*Consejo de la Suprema y General Inquisición*) (ou *Suprema*), organe centralisateur, fut fondé à Madrid en 1483 avec à sa tête l'Inquisiteur général (*Inquisidor General*). Il contrôlait l'activité des différents tribunaux. Chaque tribunal était composé de deux inquisiteurs, un assesseur, un *alguacil**, un procureur et le personnel subalterne.

Les revenus de l'Inquisition provenaient principalement des confiscations des biens des condamnés. En effet, si un hérétique ne se repentait pas de ses erreurs, il était remis au bras séculier (*relajado al brazo seglar*) et brûlé à l'issue de l'*autodafé.* S'il se repentait, il était *reconciliado* avec l'Église ; il était soumis à une pénitence, mais il ne retrouvait pas ses biens.

La procédure inquisitoriale était farouchement secrète. Tout commençait avec le temps « de grâce » pendant lequel les hérétiques étaient invités à se présenter devant les inquisiteurs pour se dénoncer ou en dénoncer d'autres. On publiait un « édit de grâce » et le délai était de trente à quarante jours. Avant d'arrêter le présumé hérétique, on soumettait en principe le cas à des experts, les *calificadores**. L'accusé était emprisonné dans les prisons secrètes de l'Inquisition jusqu'au procès et on lui confisquait tous ses biens afin de payer sa pension quotidienne dans les geôles dites de miséricorde. L'accusé ne savait pas le motif de son arrestation, il était présumé coupable et devait prouver son innocence.

Les châtiments étaient le port du *san benito** — cet habit de pénitence et d'infamie — à vie ou pendant un temps fixé, le bannissement, la prison dans une geôle ou dans un couvent, les galères, cent ou deux cents coups de fouet au cours d'un itinéraire à travers la ville, des amendes. La peine maximale pour les condamnés qui persistaient dans leur hérésie était le bûcher.

L'Inquisition fut abolie définitivement en Espagne le 15 juillet 1834.

J

Jésuites. En 1591, la Compagnie de Jésus administrait 36 fondations (noviciats, collèges et maisons professes) et comptait 1 105 membres. Le collège le plus important était celui d'Alcalá* avec 104 personnes. Les jésuites espagnols — la Milice du Christ — étaient 2 100 au début du XVIIe siècle avec une centaine de fondations. La fin du XVIe siècle et le XVIIe siècle furent le « siècle d'or » de la Compagnie qui bénéficia de la protection des monarques et d'Olivarès*, dont le confesseur était le père Aguado. Philippe IV avait fait fonder en 1623 les *Estudios Reales* de Madrid* (ou *Colegio imperial*) qui allaient concurrencer les universités*. Les jésuites pratiquaient des méthodes pédagogiques fondées sur les humanités et visant au développement des capacités de chaque étudiant : la *ratio studiorum, « raíces de virtud y letras »*. Au XVIIe siècle, les collèges de la Compagnie accueillaient des nobles et des princes comme le fils naturel de Maximilien Ernest, le frère de l'archiduc Léopold.

L'œuvre missionnaire : les jésuites, en vertu d'un vœu d'obéissance envers le pape, étaient tenus d'accepter toutes les missions apostoliques. Ainsi, François-Xavier partit évangéliser la Chine où il périt en martyr « au loin parmi les gentils ». Le père Mastrili fut décapité au Japon en 1637.

Aux Indes*, au Paraguay en particulier, les jésuites protestaient contre les mauvais traitements infligés aux Indiens Guaranis. La création de « réductions » en 1609, autorisées par Philippe III et gouvernées par les seuls jésuites, suscita des polémiques et des conflits avec les autorités de la péninsule. On créa des collèges à Potosí en 1623 et à Puebla en 1625. Au temps de Charles III, on fit arrêter les jésuites de la péninsule.

Le pape supprimera l'ordre en 1773. La Compagnie sera rétablie en 1814.

Jornalero n.m., **journalier**. Ouvrier agricole qui n'a que ses bras pour travailler et qui se loue à la journée pour la moisson, la fenaison ou les vendanges. Il est fort démuni, « sans terre » ni bétail. Les journaliers représentent la masse la plus pauvre des villages de Castille et plus de la moitié de la population rurale de Nouvelle-Castille. Les paysans qui se placent à la journée sont également appelés *trabajadores.* Au XVIe siècle, on assiste à une dégradation de la condition paysanne et à une prolétarisation des « laboureurs* » en journaliers.

Juan d'Autriche (Don). Fils naturel de Charles Quint et d'une Allemande, Barbara Blomberg (Plomberge), don Juan d'Autriche est né à Ratisbonne en 1545. On le confie à son tuteur Luis Quijada, puis à la femme de celui-ci, doña Magdalena de Ulloa, à Villagarcía, pour parfaire son éducation. En 1559, son demi-frère, le roi Philippe II, lui donne le nom prestigieux de don Juan d'Autriche. En décembre 1567, il est nommé « général de la mer » pour lutter contre les Turcs et les Barbaresques. Le 17 mars 1569, ce jeune prince reçoit le commandement en chef de l'armée destinée à mater la révolte des Morisques* de Grenade. Le 13 avril, il fait son entrée à Grenade où il est accueilli avec faste. En 1571, don Juan est nommé capitaine général de la Sainte Ligue dirigée contre les Turcs. Le 7 octobre 1571, il remporte la victoire de Lépante*, qui est celle de la flotte chrétienne, la victoire de la Croix sur le Croissant. En octobre 1573, don Juan prépare son expédition contre Tunis ; le 8, sa flotte arrive devant Carthage et le 9 don Juan marche sur Tunis. Après sa victoire, don Juan souhaiterait devenir roi de Tunis. Le 3 mai 1576, Philippe II lui donne la succession de Requesens comme gouverneur général des Pays-Bas*. Don Juan rejoint les Flandres en traversant la France *incognito*. Abandonné par le roi qui n'a pas soutenu son effort militaire dans les Flandres après la victoire de Gembloux, don Juan meurt le 1er octobre 1578.

Judéo-convers, *conversos*. Les judéo-convers, ou marranes, étaient les juifs nouveaux convertis au catholicisme. *Marrano* avait une connotation péjorative et infamante évidente. On les accusait de pratiquer un judaïsme clandestin et d'être de mauvais convertis. Le premier statut de pureté de sang* adopté en 1449 par Tolède visait à exclure les nouveaux chrétiens des charges municipales. Le tribunal du Saint-Office de l'Inquisition* fut créé en 1478 contre les *conversos* judaïsants et leurs descendants et en 1492 les juifs durent se convertir ou quitter l'Espagne. Jusqu'en 1530, l'Inquisition traqua massivement les judéo-convers ; il y eut une autre vague de répressions entre 1620 et 1640, dans les tribunaux du royaume de Castille* (*autodafé** de 1632) et à Lima. Elle concerna essentiellement les « Portugais ». L'annexion du Portugal* en 1580 avait en effet ouvert les frontières aux marranes portugais, souvent d'origine espagnole. « Portugais* » prit alors une connotation hérétique. Sous Philippe IV, les « Portugais », ceux de « la nation », protégés par Olivarès*, étaient des suspects aux yeux des vieux-chrétiens. Au temps de Charles II (*autodafé* de 1680) et de Philippe V, sept condamnés sur dix le furent pour cryptojudaïsme dans les tribunaux castillans.

***Juez de saca*.n.m., maître des traites foraines**. Fonctionnaire qui devait empêcher les exportations d'or, d'argent, de chevaux et d'autres marchandises hors d'Espagne. Au nombre de sept, ils exerçaient leur contrôle dans les régions de Séville*, Valence, en Aragon* et en Navarre*, dans le Guipúzcoa, en Biscaye et dans les Asturies, ainsi que dans les ports de la Galice* et à la frontière du Portugal*. C'étaient des juristes (*letrados**), nommés par le président du Conseil de Castille*. Leur mandat était de quatre ou cinq ans.

Juntas n.f.pl. Au XVIe et surtout au XVIIe siècle, les *juntas* sont des commissions spécialisées convoquées par le roi, pour résoudre un problème conjoncturel. Les *juntas* doublent en quelque sorte les Conseils* et ont un caractère d'urgence. Ainsi, en 1622, la *Junta General de Reformación* est mise en place pour « restaurer* » la monarchie, réformer les mœurs et la morale et trouver des « remèdes » aux maux (*daños*) dont souffre le royaume. En 1625, on crée la *Junta de Minas* et la *Junta de Población y Comercio* pour arrêter la dépopulation du royaume de Castille* et développer l'industrie.

Jurado n.m., **jurat**. Les *jurados* sont des notables élus par les habitants de la municipalité pour défendre les intérêts économiques de la communauté et superviser les autres membres du conseil. Ils prêtent serment, d'où leur nom. En Catalogne, on les appelle *jurats, cónsols* ou *pahers* ; ils collaborent avec le *veguer**. Ils participent aux réunions du conseil mais ne votent pas.

Jurista n.m. Détenteur de *juros*. Voir *Juro.*

Juro n.m. Titre de rente sur les revenus de l'État qui date du XIIIe siècle. Contrat mixte entre le roi et un particulier, en vertu duquel ce dernier remet une certaine somme d'argent. Le roi, en échange, accorde au détenteur de *juros* (*jurista*) une pension annuelle en espèces ou en métal, dont les intérêts sont garantis par un revenu de la Couronne. Ils peuvent être viagers (*juros de por vida*) ou transmissibles par héritage (*juros de heredad).* Le revenu sur lequel ils sont consignés et l'endroit où est perçu ce droit sont précisés (rente de la soie* de Grenade, *millones**, *alcabalas**, etc.). Presque tous les revenus de la Couronne sont assignés au paiement du *situado* : le paiement des intérêts des *juros*. Les particuliers détiennent la plus grande partie des *juros*. L'intérêt des *juros* est variable : souvent de 7,1% (« 14 000 *al millar* »).

Justicia n.f. Ce sont les juges et les magistrats. On appelle *justicias menores* les *corregidores** et les *audiencias**. Le *Justicia Mayor* en Aragon* est celui qui a la souveraineté en matière de justice. En 1519, Cortés fut nommé capitaine général et *Justicia mayor* de la Nouvelle Espagne*. Voir *alcalde**.

L

Labrador n.m., **laboureur**. Paysan qui possède au moins un attelage (au XVIe siècle, il s'agit souvent d'une paire de mules et d'une charrue), qu'il soit propriétaire de la terre qu'il exploite ou simple fermier. De nombreux paysans ont à la fois des terres à eux et des terres en location. À la fin du XVIe siècle, le paysan castillan est dans une situation précaire : il doit vendre sa récolte sur pied et à moindre prix pour disposer de liquidités et acheter les semences. Certains ont été obligés de vendre leur terre pour payer la rente, les *censos**. Outre les impôts royaux, le paysan paye la dîme*, les impôts locaux et les droits seigneuriaux. Les « laboureurs » représentent entre 25% et 30% des paysans de Castille.

Langosta n.f. (du lat. *locusta*, sauterelle), **sauterelle**. Les sauterelles sont un fléau naturel des zones méridionales de l'Espagne (provinces de Murcie, Ciudad Real, bourgades du Campo de Calatrava). Cet insecte dévastateur est l'ennemi des moissons et des vignes. La huitième plaie d'Égypte est souvent assimilée à la peste* (*peste de langosta*) et on invoque des saints pour s'en préserver, tels saint Grégoire de Naziance, saint Sébastien, saint Bernardin, ou l'Immaculée Conception.

Philippe II, en 1593, prit une ordonnance contre ce fléau, pour que les municipalités se chargent à leurs frais de recruter des hommes afin d'exterminer les sauterelles. Les invasions de sauterelles les plus redoutables eurent lieu en 1547 en Andalousie, en 1556, en 1631 et en 1651.

Legua n.f. (du latin tardif *leuga,* d'origine celtique). Lieue castillane.

Lépante (1571). En juillet 1570, les Turcs s'emparèrent de Chypre. Le pape et Venise constituèrent une Sainte Ligue dans le but de détruire la puissance turque. Après des hésitations, Philippe II entra dans la Sainte Ligue qui fut proclamée le 25 mai 1571 pour combattre les infidèles. Le commandement en chef en fut confié à don Juan d'Autriche*. Le 24 août, don Juan fit son entrée à Messine. La flotte chrétienne était impressionnante : 300 bateaux (250 galères) et 80 000 hommes. L'Espagne avait envoyé 81 galères*, 20 navires et 20 000 hommes. La flotte des musulmans était commandée par l'amiral Alí Pacha, le pacha d'Alexandrie

Sirocco et par le dey d'Alger, Euldj Alí. La rencontre des deux flottes eut lieu le 7 octobre à l'entrée du golfe de Patras, devant Lépante. Après des combats violents et sanglants, la victoire des chrétiens fut manifeste.

Letrado n.m., **juriste**. Licenciés ou docteurs en droit, les *letrados* sont issus des universités de Valladolid*, Salamanque* et Bologne et des *Colegios Mayores**. Ils sont présents dans l'administration (conseils* royaux, chancelleries*), dans les *corregimientos** (voir à *Corregidor*), et dans les cours de justice (*audiencias**) ainsi que dans la hiérarchie ecclésiastique et l'Inquisition*.

Lettre de change. Les changes à l'intérieur de l'Espagne étaient interdits car assimilés à l'usure. Les changes illicites étaient dits « secs ». Les lettres de change servaient au commerce international et étaient soumises à deux règles : la distance entre deux places financières, *distantia loci,* et le passage d'une monnaie à une autre, *permutatio pecuniae*. Les foires* de Castille étaient le cadre privilégié de ces opérations de change.

Lois de Toro (*Leyes de Toro*). Ensemble de 83 lois pour réformer le droit privé dans la Couronne de Castille. Les Rois Catholiques* furent les instigateurs de ces lois publiées dans la ville de Toro le 7 mars 1505. La loi 40 règle les problèmes de succession et les majorats*. Les lois 47 à 62 traitent du régime matrimonial et dotal. On connaît surtout les commentaires de ces lois. Il y en eut 10 pour le seul XVIe siècle ; le premier fut celui de Diego del Castillo en 1527 (Burgos). Elles restèrent en vigueur jusqu'en 1889.

Lonja n.f. (du cat. *llonja*, loge, bourse de marchands). Bourse de commerce fondée à Barcelone (1392), Valence et Majorque au XVe siècle. Séville* et Cadix possèdent aussi une *lonja.*

M

Madrid. Située sur la route qui relie Valladolid* à Séville*, à une cinquantaine de kilomètres de l'Escorial*, Madrid, avec son Alcázar*, est un des lieux de résidence de la Cour. En 1561, Philippe II décide d'en faire la capitale politique et administrative des Espagnes, le centre de l'Empire : *villa de Madrid con Corte*, puis *villa y Corte*. Madrid ne cesse de s'accroître du début du XVIe siècle jusque vers 1630, passant de 40 000 habitants en 1570 à 180 000 en 1630. À la fin du XVIe siècle, Madrid augmente d'environ 10 000 habitants tous les dix ans.

Maestrazgo n.m. Les *maestrazgos* sont les revenus des Ordres militaires*. Depuis Ferdinand d'Aragon, le roi d'Espagne est le grand-maître des Ordres militaires du royaume de Castille : Saint-Jacques, Calatrava et Alcántara. La Couronne dispose donc des revenus appartenant aux Ordres : les *maestrazgos*. Ce sont les péages payés par les propriétaires de troupeaux transhumants, la location des grands herbages / pâturages (*hierbas**) d'Estrémadure* et les *alcabalas** sur les pâturages de Calatrava et d'Alcántara. Ces revenus sont affermés.

Mainmorte, *manomuerta*. Les biens de mainmorte sont des biens fonciers inaliénables et ils ne produisent aucun droit de mutation. On distingue la mainmorte laïque, constituée par les majorats*, et la mainmorte ecclésiastique : les biens des communautés religieuses. L'ampleur de la propriété ecclésiastique inquiète les *Cortes** qui en 1523 interdisent aux monastères, églises et clergé d'acheter ou d'hériter de biens fonciers. En 1640, un bref pontifical réitère cette interdiction. Le désamortissement (*desamortización*) ou ensemble de mesures visant à supprimer les biens de mainmorte ecclésiastique commença dès 1798.

Malsín n.m. (de l'hébreu *malsín,* délateur, dér. de *làsón*, langue). Ce terme est né dans les juiveries d'Espagne au XIVe siècle et désigne le délateur.

Maravedí n.m. (de *morabito,* de l'ar. *murabitî,* relatif aux Almoravides qui frappèrent cette monnaie). Voir Monnaie.

Marchands. Plusieurs vocables servent à désigner les marchands et hommes d'affaires dans l'Espagne moderne : on distingue le *mercader de trato grueso* celui qui vend en gros ; le marchand de détail, *de trato menudo* ; le *tratante*, négociant en vin, bois ; le *merchante*, celui qui achète ; le *cargador,* le commerçant qui expédie des marchandises sur les bateaux, en particulier vers le Nouveau Monde* ; et le *comerciante.*

Mariage, *casamiento* (auj. ***matrimonio***). Le mariage donne souvent lieu, dans l'Espagne classique, à deux ou trois cérémonies. Après 1564, il n'est valable que s'il est célébré en présence du curé de la paroisse. Il faut distinguer dans ce mariage « en trois temps » les *desposorios por palabras de futuro* ou fiançailles (appelées aussi *esponsales*) qui sont un contrat entre les deux familles. Le curé consigne l'échange de promesse de mariage dans les registres* de la paroisse. Les fiancés sont la plupart du temps très jeunes ; ils se donnent alors la main droite et s'engagent à se marier dès qu'ils auront atteint l'âge légal — *la edad perfecta ou cumplida* (12 ans pour les filles et 14 pour les garçons). Lors des épousailles, le futur mari offrait une partie de ses biens (généralement le dixième) à son épouse, les *arras** (le *sponsalicium*).

Les *desposorios por palabras de presente* ou *casamiento* ou encore *matrimonio* constituent la deuxième étape. C'est le sacrement de mariage (lien indissoluble : « *Quod ergo Deus conjunxit homo non separet* »), célébré en présence d'un prêtre et de témoins, accompagné de paroles « *de praesenti* ».

Les *velaciones* ou bénédiction nuptiale solennelle que l'Église exige de ceux qui sont déjà *desposados* ou *casados* sont la dernière cérémonie du mariage castillan post-tridentin. C'est le temps fort qui autorise la consommation du mariage. Il semble que les conjoints diffèrent assez souvent l'ultime cérémonie bien que les évêques recommandent de recevoir la bénédiction nuptiale dans les deux mois qui suivent le mariage. Le concile de Trente* interdit les *velaciones* pendant le Temps clos*.

Dans l'Espagne moderne, on observe une forte endogamie : on se marie souvent sans sortir de sa paroisse*.

Marlota n.f. (de l'ar. *mallûta,* jupe). Vêtement morisque* porté par les hommes et les femmes. Habit luxueux, en drap fin ou en velours, en soie ou en damas, la *marlota* était souvent de deux couleurs : rouge et vert ou rouge et bleu et parfois brodée.

Marranes, ***Marranos***. Voir Judéo-convers.

Mayorazgo n.m., **majorat**. Institution qui date du Moyen Âge et fut officialisée par les lois de Toro* (loi 40) en 1505. Les lois du royaume de Castille* permettaient aux parents d'avantager un enfant dans le partage successoral. Il était donc possible à la noblesse de favoriser l'aîné en lui faisant un avantage légitime (une *mejora*) constitué pour l'essentiel par la *casa solar**, les biens fonciers et seigneuries traditionnels du lignage qui venaient s'ajouter à sa part de légitime (la *legítima*). Sous la pression de l'Église, une « quotité disponible » avait été maintenue pour permettre les donations pieuses, les messes pour le défunt, le règlement des dépenses de l'enterrement et des dettes : le *quinto por el alma**.

Le majorat permettait de léguer à un de ses enfants la plus grande partie de son héritage afin de perpétuer le lignage. Cette pratique était jugée très « nuisible à la population » par les *arbitristas** qui y voyaient l'une des causes de la dépopulation du royaume. Les majorats, qui furent surtout fondés dans les familles nobles et *hidalgas**, mais aussi parmi les artisans* et les marchands* qui avaient du bien, contribuèrent à l'accroissement des *latifundios*, au déclin de l'agriculture et au dépeuplement des campagnes. À partir du XVIe siècle, n'importe qui — pourvu qu'il en eût les moyens — pouvait fonder un majorat, acheter une *hidalguía,* une seigneurie ou un *don**.

Le majorat ne pouvait porter que sur le tiers de la réserve, c'est-à-dire les quatre cinquièmes de la succession. Il était absolument inaliénable et devait se transmettre tel qu'il avait été établi lors de la fondation, de génération en génération. Le majorat fut supprimé le 11 octobre 1820, par le décret de *desvinculaciones*, en vertu duquel des terres appartenant à l'Église ou à des biens communaux pouvaient être désormais mises en vente.

Mayordomo mayor n.m. Celui qui gère l'organisation du palais et de la Cour.

Medina del Campo. Voir *Ferias*.

Mense, ***mesa*** (du lat. *mensa*). Terme ecclésiastique qui désignait le revenu d'un évêque ou d'un archevêque et les territoires qui leur appartenaient. *La mesa arzobispal* de Tolède formait un *partido**. La *mesa maestral* était le revenu du maître d'un ordre militaire*.

M

Mercédaires. L'ordre de la Merci fut créé en Aragon au XIIIe siècle par le roi Jaime pour le rachat des captifs. Les mercédaires, qui sont un ordre mendiant, jouèrent également un rôle missionnaire en Amérique. En 1591, les mercédaires avaient 27 couvents en Castille. À Madrid*, un couvent de mercédaires chaussés — *Nuestra Señora de la Merced* — fut fondé en 1564. C'était un somptueux édifice cité par le plus célèbre des mercédaires, fray Gabriel Téllez, Tirso de Molina.

Mercedes n.m.pl. Faveurs, bénéfices, grâces accordés par le roi.

Merindad n.f. (dér. de *merino*, sorte de gouverneur, du lat. *majorinus*, de la plus grosse espèce), **bailliage** ou **sénéchaussée**. Division administrative d'origine médiévale, à la tête de laquelle se trouvait un *merino*, juge désigné par le roi, chargé de la perception des impôts et de la justice. Le *merino mayor* avait un vaste territoire sous sa juridiction tandis que le *merino* n'exerçait ses fonctions que dans un territoire précis qui peut être comparé aux « prévostés » et aux « bailliages ». Toujours située dans le nord de l'Espagne, au XVIe siècle, une *merindad* pouvait désigner l'ensemble de la province de Santander : la *Merindad de Trasmiera**, ou une circonscription plus petite à l'intérieur de ladite province : la *merindad* de Liébana. Les dix *merindades* de Castille se situaient au nord et à l'est de Burgos. Dans le royaume de Navarre*, il y avait cinq *merindades* placées sous l'autorité d'un *merino* et d'un *baile.*

Mesón n.m. Voir Auberges.

Mesta n.f. (du lat. *mixta,* abréviation de *animalia mixta*, bêtes mélangées). L'*Honrado Concejo de la Mesta*, puissante organisation des éleveurs de moutons transhumants, protégeait les troupeaux dans les territoires de la Couronne de Castille en faisant respecter des privilèges en faveur des éleveurs. Le roi Alphonse X, en 1273, octroya deux séries de privilèges au *Concejo de la Mesta*. Le roi nommait le *presidente de la Mesta,* le membre le plus ancien du Conseil royal*. Quatre *cuadrillas* regroupaient les éleveurs selon quatre grandes régions : Soria, Cuenca, Ségovie et León. La *Mesta* engloba tout un ensemble de *mestas* locales, c'est-à-dire des associations de bergers. La *Mesta* reçut toujours l'appui et la protection des monarques, jusqu'à sa disparition en 1836. Elle était en effet une source appréciable de revenus pour la Couronne. Au XVIe siècle, la monarchie garantissait aux grands propriétaires de bétail transhumant — des nobles et des monastères essentiellement — la liberté de passage, les grands chemins de la transhumance (*cañadas**), les pâturages, en interdisant les enclosures et les violences locales. Les *alcaldes entregadores** étaient chargés de faire respecter ces privilèges rassemblés dans les *Cuadernos de Mesta* ; les *alcaldes de puertos* percevaient l'impôt appelé *servicio y montazgo**, un droit de péage. La *Mesta* connut son apogée vers 1526 au moment où les expéditions de laine *merina* à destination de l'Europe du Nord furent les plus importantes.

Métaux précieux. Voir *Casa de la Contratación*.

Mexique (Nouvelle Espagne). Les expéditions de Francisco Hernández de Córdoba et de Juan Grijalva ont permis la découverte du Mexique. En février 1519, Hernán Cortés, parti de Cuba (l'initiateur fut le gouverneur de Cuba Diego Velázquez) débarque sur la rive mexicaine, la côte du Yucatán ; en juillet, il fonde la première ville espagnole du Mexique : la Vera Cruz. Depuis la côte orientale, les conquistadores* empruntent un itinéraire (Vera Cruz, Cempoala, Jalapa, Xocotlán, Cholula) qui les conduit sur le haut plateau mexicain, et en novembre, ils pénètrent dans Tenochtitlán-Mexico. Après le soulèvement de Mexico, le massacre du temple et la mort de l'empereur aztèque Moctezuma II. Cortés doit abandonner la ville le 30 juin 1520 (la *Noche Triste*). La bataille de Mexico (mai-août 1521) et le siège de Mexico s'achèvent avec la destruction de la ville et la capture de Cuauhtemoc, le dernier empereur aztèque.

Mexico, qui fut fondée en 1522 sur l'emplacement de l'ancienne Tenochtitlán, deviendra la capitale commerciale et politique de la Nouvelle Espagne. En novembre 1527, une *Audiencia** présidée par un *corregidor** y est établie et en 1529 un *cabildo** siège à Mexico, capitale de la première vice-royauté du Nouveau Monde*.

Millones n.m.pl. Impôt créé en 1590, après le désastre de l'Invincible Armada*, dont le montant était de 8 millions de ducats à recouvrer entre 1590 et 1596. Tous les *vecinos**, à l'exception des franciscains* déchaussés, furent soumis au nouveau *servicio de millones*. Cet impôt fut très mal accueilli et des villes comme Grenade* refusèrent de le payer. Les « millions » furent reconduits en 1597 et pendant tout le XVIIe siècle. Les municipalités purent percevoir les *millones* sous forme de taxes, les *sisas**, sur la vente du vin, de la viande, de l'huile et du vinaigre. En 1631, la Couronne décida l'abolition des *millones*, mais cette mesure fut sans effet et on continua de percevoir cet impôt.

Mitad de oficios n.f. Les nobles, en vertu de ce droit, disposaient dans leur localité de la moitié des charges municipales : *regimientos**, *alcaidías.*

Mohatra n.f. Pratique selon laquelle le marchand* vendait ses marchandises (toiles, tissus) à crédit au paysan avec comme garantie la future récolte. Si le paysan ne pouvait honorer sa dette, le marchand achetait la récolte à bas prix, en août, parfois sur pied ; il la stockait et la revendait au moment de la pénurie et cher. Le paysan était la victime de cette opération.

Moneda forera n.f. Impôt castillan voté à l'origine tous les sept ans par les *Cortes** pour éviter les dévaluations de la monnaie. Il fut créé en 1202 par Alphonse IX de León.

Monfí n.m. Voir Banditisme.

Monnaie. L'ordonnance de Medina del Campo du 13 juin 1497 est capitale dans l'histoire de la monnaie espagnole. On crée une monnaie forte, l'*excelente de la granada*, qui vaut le double du ducat aragonais.

Les monnaies d'or (*ducado* ou ducat = 375 maravédis) et d'argent (*real**) servent essentiellement aux transactions internationales et la monnaie de billon* (*moneda de vellón**) divisionnaire, aux petites transactions à l'intérieur du royaume. Le *medio excelente* équivaut à un ducat et vaut 375 maravédis. Le réal d'argent vaut 34 maravédis. Le *maravedí** est la monnaie de compte. En 1534, Charles Quint fit frapper de nouvelles monnaies : l'écu d'or (*escudo* ou *pistolete*) vaut 350 maravédis (440 après 1609) ; l'écu d'argent vaut 12 réaux. En 1540, on crée la pièce de 8 réaux qui va connaître une grande fortune : le *real de a ocho.*

Au temps de Philippe II, eu égard à la pénurie monétaire et aux besoins chroniques de la monarchie (la guerre des Pays-Bas), on frappe des pièces d'argent d'un demi-réal et de 2, 4 et 8 réaux : *medio real, real de a dos, real de a cuatro, real de a ocho.* Les pièces en billon (cuivre et argent) sont :

la *blanca* = 1/2 maravédis
l'*ochavo* = 1 maravédis
le *medio cuarto* = 2 maravédis
le *cuarto* = 4 maravédis
le *cuartillo* = 8 maravédis 1/2

L'inflation est chronique jusqu'en 1680 : il y a une pénurie de la monnaie de billon et on thésaurise les pièces d'argent. La planche à billon fonctionne jusqu'à la fin du règne de Philippe IV. On a recours aux surfrappes (*resellos*) en 1634, 1636 et 1641. On est contraint de réunir une *Junta* de Resello*. Refrappements et dévaluations se succèdent en 1642, 1652, 1659 et 1664.

On a résumé dans un tableau les principales monnaies qui avaient cours en Castille :

Or	ducat écu	375 maravédis 350 maravédis (440 après 1609)
Argent	réal	34 maravédis
Billon	*blanca*	1/2 maravédis

L'Aragon et la Navarre* avaient gardé leur monnaie. La livre était divisée en 20 sous et 240 *dineros* (deniers).

Mont-de-piété, *monte de piedad*. En 1600, on propose, pour remédier aux dettes du Trésor royal, de créer une caisse d'épargne dans chaque ville de Castille — *erario* — ainsi qu'un *monte de piedad* (sur le modèle italien) qui prêterait de l'argent à faible intérêt sur gages (bijoux, vêtements) à des particuliers. Le premier véritable mont-de-piété sera cependant celui ouvert à Madrid* en 1724 : le *Sacro y Real Monte de Piedad de las Ánimas del Purgatorio*.

***Montaña* (*de Santander*).** Voir *Trasmiera*.

***Montesa*.** Voir Ordres militaires.

Morisques, *Moriscos*. Les Morisques sont les musulmans d'Espagne qui durent se convertir au catholicisme — en dépit des capitulations de Grenade de novembre 1491. Les mudéjars* de Grenade* en 1501, puis ceux de l'ensemble du royaume de Castille* en 1502, furent contraints de se convertir ou de quitter l'Espagne. À Valence, les mudéjars furent baptisés de force et la mesure fut étendue à tous les musulmans de la Couronne d'Aragon* en 1525.

Les Morisques étaient implantés dans le royaume de Grenade (plus de la moitié de la population), dans le royaume de Valence et en Aragon où ils étaient protégés par les seigneurs (*señores de vasallos*).

En 1563, on désarma les Morisques de Valence et le 1er janvier 1567 on publia à Madrid une série d'interdictions et de mesures contraignantes à l'égard de la population morisque de Grenade. Après deux années de vaines négociations, les Morisques des Alpujarras se soulevèrent le 24 décembre 1568, tentant d'entraîner ceux de l'Albaicín*. Ils élirent un roi, Fernando de Córdoba y Valor, qui reprit son nom musulman de Aben Humeya. La guerre des Alpujarras avait commencé. En avril 1569, don Juan d'Autriche* fut chargé de mater la rébellion après que le marquis de Mondéjar eut échoué. Le 1er novembre 1570, on décida d'envoyer tous les Morisques du royaume de Grenade en Castille, en Andalousie occidentale et en Estrémadure*. Une première vague de 50 000 personnes fut ainsi déportée pendant l'hiver 1570-1571. On estime que 30% des Morisques moururent en route entre le 1er novembre 1570 et le printemps 1571.

L'expulsion définitive des Morisques de la Couronne d'Aragon* fut décrétée le 4 avril 1609 et celle des Morisques d'Andalousie et de Murcie prit effet le 10 janvier 1610. Au total, 300 000 personnes furent expulsées d'Espagne. De nombreux Morisques émigrèrent en Afrique du Nord, en particulier en Tunisie et au Maroc (Rabat-Salé). Les Morisques furent appelés Andalous en Berbérie*.

Mort. La mort, dans les sociétés d'Ancien Régime, fait partie du quotidien. Les pestes chroniques, l'effrayante mortalité infantile, les morts violentes la rendent présente, familière.

La préparation de la mort commence avant l'agonie, au moment de rédiger son testament : « le passeport pour le ciel ». Le testament est d'abord un acte religieux imposé par l'Église, même aux plus démunis. Un grand nombre de testaments se font « gisant au lit malade » (*estando enfermo en la cama*). Il comporte les clauses pies et la répartition de l'héritage. Avec le signe de la croix qui ouvre le testament, on entre dans l'espace sacré. Suivent le constat du caractère inéluctable de la mort et le souci du salut de l'âme, puis la clause d'exposition, la profession de foi, les demandes d'intercession : la Vierge Marie et le cortège des saints et des anges.

Après l'âme, le corps. Le testament prévoit :

• L'élection de sépulture : le cimetière autour de l'église paroissiale est réservé aux pauvres* et aux enfants, c'est encore l'espace de l'église. On se fait enterrer dans une église, un couvent ou un hôpital*. L'endroit précis est indiqué par le testateur : dans le chœur, sous le maître-autel, sous le porche ou bien « en travers de la porte d'entrée », en signe d'humilité, de façon à être piétiné par la foule des fidèles, ou auprès de la statue d'un saint.

• Les services du jour de l'enterrement : ils sont constitués d'un cortège funèbre d'ecclésiastiques et de moines franciscains ou carmes ; d'un cortège de douze ou treize pauvres qui portent la cire et à qui on lègue un réal*, des habits et du pain.

• Les demandes de messes : les testateurs cherchent un effet d'accumulation, espérant ainsi écourter leur séjour au purgatoire. Ils demandent que des messes (de quelques dizaines à mille ou deux mille) soient dites à l'église, dans les couvents. Au XVIIe siècle, les Espagnols demandent une messe de « corps présent » pour le jour même des obsèques, une neuvaine et une messe du bout de l'an, puis des messes pour le repos de leur âme, pour les défunts de leur famille et pour les âmes du purgatoire.

Outre les legs aux pauvres, des dons sont faits aux hôpitaux ; on prévoit des dots* pour des orphelines ; il y a aussi les legs à des particuliers.

Le testament sert enfin à assurer ses biens terrestres (*temporalia*). D'abord, le testateur se met en règle avec ses débiteurs et créanciers, puis il affranchit ses esclaves*, si nécessaire, et il répartit ses biens entre ses héritiers. Lorsqu'il n'y a pas de testament, le cinquième des biens du défunt constituent *el quinto por el alma** (le cinquième réservé à l'âme).

Moyo n.m. Mesure pour les grains, **muid**. Voir Poids et mesures.

Mozárabe adj. et n. (de l'ar. *musta'rib*, celui qui s'est fait semblable aux Arabes). Chrétien d'Espagne vivant en territoire musulman. La langue mozarabe est la langue parlée dans le territoire d'Al-Andalus*.

Mudéjar adj. et n. (de l'ar. *mudayyan*). Musulman d'Espagne vivant en territoire chrétien.

Municipio n.m. Voir *Concejo*.

N - O

Navarre. Le royaume de Navarre, après l'émergence des deux royaumes de Castille* et d'Aragon, connut un destin « pyrénéen » lié en partie à celui de la Couronne de France, à partir de 1229, avec les maisons d'Évreux et d'Albret. Il fut reconquis en 1512 par Ferdinand le Catholique et rattaché à la Couronne de Castille, tout en conservant ses institutions et ses *fueros**.

Nebrija (Elio Antonio de). Humaniste et historien, Nebrija est né à Lebrija (Séville) en 1444 et mort à Alcalá* en 1522. En 1465, il fréquente le collège des Espagnols de Bologne. Après avoir travaillé avec l'archevêque de Séville Alonso de Fonseca, il enseigne la grammaire puis la rhétorique à l'université de Salamanque*. En 1509, Ferdinand le Catholique le nomme chroniqueur officiel. En 1513, le cardinal Jiménez de Cisneros lui offre la chaire de rhétorique à Alcalá. En 1492, Nebrija publie la première grammaire en castillan — qui s'inspire des *Introductiones latinae* parues à Salamanque* dès janvier 1481 —, la *Gramática castellana* dédiée à la reine Isabelle.

Nieve n.f. La glace était utilisée pendant l'été caniculaire pour rafraîchir les boissons. Cette glace était transportée en hiver depuis les *sierras* proches de Madrid* et on l'entreposait dans les puits à neige, *los pozos de la nieve*, situés à l'extrémité de la rue Fuencarral. On payait une taxe sur la neige : la *alcabala* de la nieve.*

Nördlingen (bataille de). Voir Cardinal-infant.

Nouveau Monde. Voir Indes de Castille.

Nueva Planta. La guerre de Succession terminée, Philippe V (1700-1746) décida d'abolir les *fueros** de la Catalogne* qui avait soutenu l'archiduc Charles, en vue d'une uniformisation politique de l'Espagne. Il s'agissait de placer l'autorité royale au-dessus des particularismes, et de donner au roi la liberté de lever des impôts dans ces provinces. En 1707, le décret de *Nueva Planta* avait aboli les privilèges de Valence, en 1711 ceux de l'Aragon (voir Couronne d'Aragon) puis en 1715, ceux de Majorque. En

1716, le décret s'appliqua à la Catalogne, supprimant la *Diputació* et le *Consell de Cent** de Barcelone. Néanmoins, à l'exception de Valence, elles gardèrent leur droit privé. Les provinces basques et la Navarre*, restées fidèles à Philippe V, conservèrent leurs *fueros*.

O

Obligado n.m. Fermier, fournisseur qui détient le monopole de l'approvisionnement d'une ville ou d'un village en viande, poisson, charbon, glace*, cartes à jouer*, lard (*tocino*), huile, chandelles ou une autre denrée, généralement de première nécessité. L'*obligado* s'engageait à approvisionner le marché à un prix déterminé.

Oidor n.m. Conseiller, juge des Conseils*, chancelleries* et *audiencias**.

Olivarès (1587-1645). Le Comte-Duc d'Olivarès — don Gaspar de Guzmán — était né à Rome. Troisième comte d'Olivarès, il était allé étudier le droit canon à l'université de Salamanque*, comme cadet destiné à une carrière ecclésiastique. Il fut élu recteur en novembre 1603. À la mort de son frère aîné, il vint à la Cour, à Valladolid*. Il fut choisi comme gentilhomme auprès de l'héritier du trône. De 1621 à 1643, Olivarès occupa le devant de la scène politique en tant que *valido** du jeune Philippe IV qui avait besoin d'un guide. Le comte-duc allait bientôt réunir tous les titres : grand écuyer en décembre 1622, membre du Conseil d'État en octobre 1622, grand chancelier des Indes en 1623, en 1624 il devint *comendador mayor* dans l'ordre* d'Alcántara. En outre, en décembre 1623 il avait acheté la seigneurie de San Lúcar la Mayor avec 800 vassaux. Le 5 janvier 1625, le roi le fit duc de San Lúcar la Mayor et il allait passer à la postérité avec ce titre de *Conde Duque*. En 1624, il rédigea le *Grand Mémorial*, un document secret destiné au jeune roi afin de restaurer* la monarchie et d'établir l'unité de l'Espagne. Son grand projet d'Union des Armes* fut un échec. En janvier 1643, le roi annonça le départ à la retraite du comte-duc qui partit pour Loeches. Il se retira à Toro où il mourut le 22 juillet 1645.

Olla n.f. (du lat. *olla*). La *olla* est un plat typiquement espagnol du XVIe au XIXe siècle. C'est une espèce de pot-au-feu avec son bouilli et son bouillon gras. Les composantes en sont le lard, une autre viande et des pois chiches. On l'appelle aussi *cocido* ou *puchero*. En voici une recette : une livre de bœuf avec les os, 250 grammes de lard, 125 grammes de pois chiches et un chou. La *olla podrida* (le pot-pourri) est plus riche : on y ajoute une volaille, du mouton, du jambon, de la charcuterie et divers légumes.

Ordres. Les sociétés d'Ancien Régime sont des sociétés d'ordres (*estamentos*). En Castille, il existe deux ordres privilégiés : le clergé, l'*estamento eclesiástico*, et la noblesse, l'*estamento nobiliario*, qui bénéficient d'une exemption fiscale. La troisième catégorie sociale correspond au tiers état : c'est l'*estado llano*. C'est la masse des roturiers, *pecheros* *.

En Catalogne*, on distingue trois *braços* : le *braç eclesiàstic* (le clergé), le *braç militar* (la noblesse) et le *braç reial* (les représentants des villes).

Ordres militaires. En Espagne, des ordres militaires et religieux furent fondés au XIIe siècle et participèrent activement à la Reconquête du royaume. L'ordre de saint Jacques* — *Santiago de la Espada* —, le plus important, fut créé en 1170 par Ferdinand II de León à Cáceres et reconnu par le pape Alexandre III en 1175. Il était divisé en deux provinces : celle de León et celle de Castille. Son insigne était une croix rouge en forme d'épée.

L'ordre de Calatrava*, fondé en 1158 par saint Raymond pour assurer la protection des routes entre Tolède et l'Andalousie contre les Almohades, possédait d'immenses domaines, le « Campo de Calatrava » qui correspond à la Manche (Martos, Priego) et Zorita au nord. Ce *partido** fut donné à l'ordre militaire cistercien par Sanche III, puis réuni à la Couronne en 1489. Le *partido* de Calatrava en Andalousie constituait le second domaine. L'insigne était une croix rouge.

L'ordre d'Alcántara*, dont l'insigne était une croix verte, fut fondé en 1176. Il étendait sa juridiction en Estrémadure* et dans quelques villes de la province de Salamanque*.

L'ordre de la Montesa* (Santa María de Montesa) fut fondé en 1319 dans le royaume de Valence pour remplacer les templiers dissous par Clément V en 1312. La Montesa fut le dernier des ordres à être incorporé au patrimoine royal en 1587.

Les grands-maîtres au XVe siècle étaient tout-puissants et Ferdinand le

Catholique se fit élire grand-maître (*maestre*) des trois ordres castillans. En 1499, fut créé un Conseil* des Ordres. Le pape Adrien VI en 1523 confirma que désormais les rois d'Espagne seraient les grands-maîtres des ordres militaires. Le roi conférait l'habit de chevalerie (*hábito**) à des sujets qu'il voulait récompenser : les *caballeros de hábito*. Les commanderies — *encomiendas** — étaient particulièrement recherchées en raison des rentes et des privilèges seigneuriaux dont jouissaient les *comendadores*.

Ortiz, Luis. Conseiller du roi, trésorier (*contador*). Dans un *Memorial* de 1558, au lendemain de la grande crise financière de 1557, Luis Ortiz dénonce les maux de l'Espagne devenue « les Indes de l'étranger » — la hausse des prix, les exportations de matières premières et les importations de produits finis —, et propose de mettre tous les Espagnols oisifs au travail, en redonnant du lustre aux métiers « vils et mécaniques ».

P

Pacheco (Francisco) (1564-1644). Né à Sanlúcar de Barrameda, Pacheco fait ses études à Séville*. Dans son atelier, il forme Alonso Cano et Velázquez qui deviendra son gendre. Ce théoricien de la peinture privilégie le dessin et le portrait. Son *Arte de la pintura* paraît en 1649.

Padrón n.m. (du lat. *patronus,* protecteur, puis modèle et liste, recensement), **recensement**. Les rôles effectués en vue du recouvrement des *alcabalas** en 1561, 1579-1584 et 1590-1596 dans les villes et villages de Castille sont des listes de chefs de famille (*vecinos**) avec le nom et prénom, la situation de famille, le métier dans le meilleur des cas, le nombre des enfants à charge pour les veuves, la part de l'impôt et une description sommaire des biens du contribuable, lorsque le registre est particulièrement complet. Les *padrones* sont effectués rue après rue, maison après maison. On précise que le relevé est fait *calle ahita*,* ce qui signifie qu'on recense tous les chefs de famille, sans distinction de personnes. Riches et pauvres, roturiers et exemptés, tous figurent sur les listes et celles-ci constituent une source exceptionnelle pour saisir la société traditionnelle du royaume de Castille* au temps de Philippe II.

Pan n.m. (du lat. *panis*). Désigne les céréales panifiables. Les Espagnols se nourrissent de pain de seigle ou d'orge, puis de *mijo* (dans les Asturies) et de maïs* au XVIIe siècle. Le pain blanc, de froment, appelé *pan candeal*, est réservé aux riches et aux malades. Les *panaderos / horneros* cuisent le pain chez eux et vont le vendre à la porte des grandes villes. Ce pain n'est pas taxé.

Paroisse. La paroisse désigne un territoire assez vaste qui comprend un ou plusieurs *concejos*. Il peut y avoir coïncidence entre le *concejo**, c'est-à-dire la communauté d'habitants, et la paroisse ecclésiastique, mais ce n'est pas une règle absolue. Dans l'Espagne classique, on utilise différents termes qui ont une connotation religieuse : *parroquia, pila* (lequel, par métonymie, désigne la paroisse), *feligresía, fieldad* (en Galice*), ou même *campana* ou *iglesia.* La paroisse joue un rôle important ; c'est un cercle de communicabilité, c'est le lieu où les *vecinos**, les familles* se retrouvent une fois par semaine autour de l'église paroissiale.

Partidas* ou *Libro de las siete Partidas n.f.pl. Recueil de lois du royaume de Castille*, rédigées vraisemblablement entre 1246 et 1263 ou 1265 et attribuées à Alphonse le Sage. Ce code de lois est composé de sept parties — d'où son nom — qui traitent de l'Église, de l'organisation du royaume, de la justice, du mariage* et de la famille*, etc.

Partido n.m. C'est, après la *provincia*, la plus vaste unité territoriale dans le royaume de Castille*. À la tête de ce district, il y a la *cabeza del partido*, la capitale en somme. Le royaume de Castille* est divisé en 18 provinces* et 40 *partidos.*

Le *partido* désigne aussi, dans le nord-ouest de l'Espagne, des petites circonscriptions administratives à l'intérieur de la province. C'est alors un ensemble de paroisses* rurales, surtout en Galice*.

Pastel n.m. (dér. de *pasta*, du lat. tardif *pasta*, ce dernier du grec *páste*, farine mélangée à une sauce). Petit pâté feuilleté et fourré avec de la viande hachée ou du poisson. C'est la nourriture de base des domestiques* et des gueux, du moins dans la littérature classique. Elle est bon marché : au XVIIe siècle, un *pastel* coûte 4 maravédis* : « *pasteles de a cuatro* ». Les plus chers valent le double. *Pastel* désigne aujourd'hui un gâteau.

Patronato real n.m., **patronage royal**. Les Rois Catholiques* avaient obtenu du pape le droit de désigner les titulaires des bénéfices* ecclésiastiques : évêchés et archevêchés. Le patronage fut officialisé et étendu en 1523 ; il s'appliquait en Espagne et dans l'Amérique espagnole.

Pauvres, *pobres*. Au XVIe siècle, les pauvres sont « la bonne conscience chrétienne » d'une Espagne encore riche et prospère. Les pauvres sont le luxe des cités comme Valladolid*, Medina del Campo, Séville* ou du Puerto de Santa María. Une mutation va s'opérer au sein de la société traditionnelle : le pauvre, d'intercesseur privilégié auprès de Dieu, devient un parasite, un mendiant, un vagabond que l'on craint, surtout en période de peste, parce qu'il sèmerait la contagion. D'autre part, au Moyen Âge, l'Église, les paroisses, les ordres mendiants assistaient les pauvres directement et géraient la bienfaisance. L'Église était le médiateur entre la charité individuelle, rituelle, symbolique et les pauvres. Au début du XVIe siècle, une autre conception commence à relayer la charité, c'est la bienfaisance. C'est toute une vision du pauvre et des rapports riches /

mendiants qui se met en place. La laïcisation de la bienfaisance se marque dans « une attention économiste » portée aux problèmes charitables.

Parmi les pauvres (*pobres*), il faut distinguer le vrai pauvre, le pauvre légitime, le *sanctus pauper*, qui n'a pas le nécessaire pour vivre et qui doit être secouru, et le faux pauvre qui usurpe une aumône. Les testateurs lèguent des sommes d'argent aux pauvres honteux (*vergonzantes*) et aux pauvres reconnus (*de solemnidad*). Les faux pauvres, les mendiants professionnels, sont nombreux dans l'Europe du temps ; c'est un fléau social qui inquiète.

Les pauvres représentent entre 10 et 15% de la population totale des villes vers 1560. Dans les années de crise, un cinquième des habitants se déclarent *pobres*. Au regard du fisc, les *pobres* sont tous ceux qui ne payent rien, faute de ressources, même s'ils exercent un métier. Le seuil de pauvreté, dans la seconde moitié du XVIe siècle, est de 1 ou 2 réaux comme contribution au titre des *alcabalas**. Les femmes seules, quantité d'artisans*, les ouvriers agricoles appartiennent à cette catégorie.

Le grand débat sur les pauvres traverse l'Espagne de 1520 à 1620, entre le *De subventione pauperum* de Juan Luis Vivés en 1526 et la *Restauración política de España* de Sancho de Moncada en 1619. On songe à Domingo de Soto, farouche partisan de la charité traditionnelle, et à l'opposé à un réformateur, le bénédictin Fray Juan de Robles, dit de Medina, qui prône la sécularisation de la bienfaisance et préconise un nouveau règlement d'assistance aux pauvres. Tout au long du XVIe siècle, une série d'ordonnances tentent d'organiser le renfermement des mendiants locaux, au niveau des villes, et l'expulsion des mendiants étrangers. Cristóbal Pérez de Herrera, protomédecin des galères* royales, dans son *Amparo de pobres* de 1598, propose une réforme sociale assortie de la fondation de maisons pour héberger les pauvres et de l'obligation de travailler pour les pauvres valides.

Pechero n.m. Roturier, contribuable, taillable. Celui qui paie l'impôt direct, le *servicio**, le *pecho*. Dans les bourgades de Castille, il y a des registres dans lesquels sont couchés les contribuables, les *padrones* de vecinos* ou *libros de pechería*.

Pecho n.m. (le latin vulgaire *pactare* signifie convenir du paiement d'un impôt et a donné *pechar*, payer un impôt). Impôt, contribution.

Pestes. La peste est chronique à l'époque moderne. Les hommes demandent à Dieu, dans leur prière quotidienne, de les délivrer « *a peste, a fame, a bello* » : de la peste, de la famine et de la guerre. La peste s'accompagne souvent d'autres épidémies comme le typhus et le *catarro*. Pour le XVIe et le XVIIe siècle on peut esquisser une rapide chronologie des vagues pesteuses. Une épidémie venue du sud de la France pénètre en Aragon en 1564 : Huesca, Jaca, Saragosse, Barbastro sont touchées par le fléau ; puis c'est la Rioja avec Logroño, Nájera et sa région ; en 1565, Burgos et Briviesca ; en 1566 et 1567, la peste a gagné la Navarre* et la Tierra de Campos. En 1580, une espèce de choléra, baptisé catarrhe, frappe le Portugal*, l'Espagne et toute l'Europe. Philippe II attrapa cette maladie fulgurante et ne fut sauvé que grâce à son médecin Vallès qui le purgea. En 1584, une peste venue d'Andalousie menace Madrid*. Entre 1596 et 1602, la peste « atlantique » — bubonique — s'introduit en Espagne par les ports de la Cantabrique (Santander) et se déclare également à Burgos, Logroño, en Navarre et dans le Pays basque. Le mal gagne les provinces de Valladolid, Ségovie, Madrid, Ávila et Tolède et fait 500 000 morts, c'est-à-dire 7 à 8% de la population espagnole d'alors. Entre 1647 et 1652, la peste entrée par Valence tue aussi un demi-million de personnes, elle irradie dans la Murcie et l'Andalousie, l'Aragon et la Catalogne*, Majorque, puis elle gagne la Sardaigne et Naples. Entre 1677 et 1684, l'Andalousie connaît à nouveau une vague de peste. Devant l'ampleur du mal, que l'on répugne à nommer, Philippe II avait commandé à son médecin Luis Mercado d'écrire un traité sur la peste. Le roi avait toujours eu le souci de la santé publique.

Pie de altar n.m., **casuel**. Émoluments, offrandes donnés aux curés de paroisse en échange de leurs services (sacrements).

Plateresco (de *plata*, du féminin de l'adj. lat. *plattus,* lame d'argent), **plateresque**. L'architecture plateresque rappelle l'art des orfèvres (*plateros*) et caractérise la Renaissance espagnole au temps des Rois Catholiques*. Le style plateresque a subi l'influence gothico-mudéjar et celle des sculpteurs italiens venus travailler en Espagne. La façade de l'université de Salamanque* qui fut commencée en 1525, peut-être par Enrique Egas, en est le joyau incontesté.

***Plaza Mayor* (Madrid)**. Les villes espagnoles ont presque toutes une grand-place. Madrid*, capitale des Espagnes et siège de la Cour, va se doter au début du XVIIe siècle d'une *Plaza Mayor — instrumentum regni —*, digne théâtre des grandes manifestations (proclamations royales, fêtes* en l'honneur des princes étrangers, comme le prince de Galles), courses de taureaux* le jour de la sainte Anne ou pour la *San Isidro*, jeux équestres et *autodafés**.

Primitivement appelée *plaza del Arrabal,* au centre du quartier extramuros, autour de Santa Cruz, c'était le centre important de la vie économique et publique de Madrid. En 1492, les Madrilènes s'étaient réunis là pour décider des étrennes (*albricias*) que l'on offrirait au crieur public venu annoncer la prise de Grenade*.

En 1532, elle prit le nom de *Plaza Mayor* et en 1533 c'était le seul point de vente de la viande qui se substituait à la boucherie de la *plaza San Salvador* réservée aux *hidalgos** et à celle de *San Ginés* où s'approvisionnaient les roturiers. Contemporaine de la place Royale de Paris et de la place ducale de Charleville, elle allait subir d'importantes transformations. En 1617, Juan Gómez de Mora présenta le plan de la nouvelle place, et les travaux — payés par le produit d'une taxe (*sisa**) sur le vin — furent achevés en 1619. Elle mesurait 434 pieds de long et 334 de large et donnait sur neuf rues ; les 136 maisons de brique qui la bordaient avaient 6 étages et 615 balcons — dont le célèbre balcon de la Panadería d'où les souverains assistaient aux fêtes —, alors que la plupart des maisons de Madrid n'avaient qu'un étage. La *Plaza Mayor* pouvait contenir 50 000 personnes. Le 15 mai 1620, la *Plaza Mayor* fut officiellement inaugurée.

Poids et mesures. Les mesures varient d'un royaume à l'autre, d'une région à une autre et même entre des villages voisins. Le système métrique fut adopté en Espagne en 1849 et appliqué en 1868. Les unités de mesures utilisées sont les suivantes :

• Unités de poids :

– l'arrobe (*arroba*) = 25 livres. Elle est utilisée pour l'huile, le miel, le sucre, le savon, la laine et, en Andalousie et en Nouvelle Castille, pour le vin. La livre vaut 16 onces (*onzas*) ;

– pour les liquides, l'arrobe contient 8 *azumbres.* Une once vaut 16 *adarmes* ;

– la livre (*libra*) sert pour le poisson, le riz, les sardines, la cannelle et la cire en Andalousie et en Nouvelle-Castille. Pour la viande de boucherie, on utilise la *libra carnicera* qui vaut le double de la livre ordinaire, soit 36 onces. En Vieille-Castille, on vend les sardines par cent et le riz est mesuré en arrobes. En Andalousie, on trouve l'*almud* (de l'ar. *mudd*) pour les fruits secs et les glands, le grain et les pois chiches. Il équivaut à une demi-fanègue.

• Unités de longueur :

– l'aune (*vara*) sert pour mesurer les toiles. Elle est égale à 3 *pies* et le *pie* à 4 *palmos* (empans).

• Mesures de capacité :

– la fanègue (*fanega* de Ávila = 55,5 l) est l'unité de mesure pour les grains. Une fanègue contient 12 *celemines*. Le *celemín* (picotin) équivaut à 4 *cuartillos* ou un demi-boisseau et sert pour le commerce de détail. Un *cahiz* contient 4 boisseaux ou 12 fanègues. En Castille, on utilise la *fanega* également pour le sel ;

– pour les liquides, en Vieille-Castille, on utilise le *moyo* qui vaut 16 *cántaras* ou *cántaros* (= 8 *azumbres*). En Castille, la *cántara* = 16,13 l. L'*azumbre* contient 4 *cuartillos*, soit deux pintes. La *cántara* sert aussi pour le miel.

• Mesures de superficie :

– la *obrada* (le *journal* dans la France d'Ancien Régime) est une mesure agraire : c'est la superficie de terre labourée en un jour par un attelage, soit 0,5 ha. Dans la région de Palencia, les terres de labour et les vignobles sont mesurés en *quartas*. La *quarta* équivaut, pour les vignobles, à 6,29 ares ;

– la *peonada* est ce qu'un ouvrier agricole (*peón*) peut labourer en un jour. Selon A. Huetz de Lemps, dans quelques villages, la *peonada* avait seulement 3,74 ares, mais il est raisonnable de donner partout à la *peonada* 4,49 ares ;

– la *yugada* est la superficie de terre qui peut être labourée par une paire de bœufs en un jour ;

– la *fanega de sembradura* correspond à l'espace de terre qui peut être ensemencé avec une fanègue de grain ;

– l' *aranzada* (ou *alanzada* : la portée du jet d'une lance) est une mesure de superficie pour les vignobles et les oliveraies. C'est la portion de terre qui peut être labourée chaque jour par une paire de bœufs ou de mules ;

– l'*almud de sembradura* ou *almudada*, c'est la superficie où l'on ne peut semer qu'une demi-fanègue.

On a résumé dans un tableau les principales unités des poids et des mesures qui avaient cours dans le royaume de Castille :

Capacité (grains)	**Longueur**
Fanega = 55,5 l 1 *cahiz* = 12 *fanegas* 1 *fanega* = 12 *celemines* 1 *celemín* = 4 *cuartillos*	*Vara* = 3 pieds = 4 *palmos* = 0,836 m
Capacité (liquides)	**Poids**
Cántara = 16,13 l 1 *moyo* = 16 *cántaras* 1 *cántara* = 8 *azumbres* 1 *azumbre* = 4 *cuartillos*	Livre = 0,46 kg. 1 *arroba* = 25 livres 1 livre = 16 *onces* 1 once = 16 *adarmes* 1 *adarme* = 3 *tomines*

Population.

• Les sources : On dispose, pour le XVIe siècle, d'une série exceptionnelle de recensements (*censos**) et de listes nominatives (*padrones**) effectués entre 1528 et 1597, la plupart avec une finalité fiscale : le *servicio** en 1528, les *alcabalas** en 1561, 1584 et 1597, les *millones** en 1591. La population est toujours recensée en « feux » (*vecinos**) et le « feu » correspond alors à 4,5 habitants. (En latin, *focus* désigne le foyer familial avant de s'appliquer aux flammes : *ignis*).

On doit citer également les remarquables enquêtes effectuées au temps de Philippe II, les *Relations topographiques** menées dans tous les villages et villes de Castille en 1570-1575, et le recensement effectué par les évêques en 1584.

Au XVIIe siècle, on cesse de compter systématiquement la population espagnole. En 1631, on entreprend un *censo* pour connaître la consommation de sel par habitant et instaurer, selon l'idée d'Olivarès*, une unique contribution. En 1646 et en 1691, deux autres recensements sont faits, mais ils sont partiels et peu fiables.

Le premier recensement « moderne » et digne de ce nom sera celui de Floridablanca en 1787, établi par habitant.

• L'évolution de la population : À la fin du XVIe siècle, l'Espagne compte environ 8 millions d'habitants. Le royaume de Castille* est le plus peuplé : 80% des Espagnols sont des Castillans. Il a vu sa population augmenter environ de moitié en soixante ans. En 1530, il totalise 3 856 199 habitants. En 1591, la population atteint 6 611 460 habitants. En de nombreux endroits pourtant, c'est déjà l'essoufflement démographique, voire la stagnation, même si des secteurs comme Madrid* continuent à s'accroître. La croissance est différentielle, avec une nette opposition nord-sud que l'on retrouve au niveau de la taille des communautés d'habitants. Une Espagne du nord fortement peuplée, avec des villages de quelques « feux » et des villes* de taille réduite : Santander, capitale de la Trasmiera* (l'actuelle Cantabria), compte à peine 3 000 habitants en 1591. Seule Burgos, la cité de la laine, atteint 20 000 habitants. Au sud de Madrid, ce sont les grosses bourgades — des agro-villes — de plusieurs milliers d'habitants comme Daimiel, Baeza, El Toboso... éloignées les unes des autres de plusieurs lieues*.

Après un XVIe siècle à la hausse, il y a un renversement de la tendance démographique et le XVIIe siècle connaît une baisse sensible, même si certaines régions continuent de s'accroître jusque vers 1620. Les deux Castilles ont perdu 25% de leur population entre 1591 et 1631, alors que la Galice* et les Asturies auraient augmenté d'un cinquième. L'Espagne a perdu globalement entre un million et un million et demi d'habitants à partir du dernier quart du XVIe siècle et désormais la croissance se fera au profit des Espagnes périphériques.

Au nombre des causes du dépeuplement du royaume de Castille, il faut mentionner les vagues de pestes*, l'expulsion des Morisques* (1609-1614), les guerres, les départs vers les Indes*, une désaffection pour le mariage* qui a entraîné une chute de la natalité.

On résumera la population des autres royaumes au XVIe siècle dans le tableau suivant :

Année du recensement	Royaume	Nombre d'habitants
1591	Valence	450 000 hab.
vers 1600	Aragon	354 920 hab.
1603	Catalogne	326 970 hab.
1583	Baléares	130 000 hab.
1553	Navarre	138 748 hab.
début XVIe siècle	Biscaye	67 639 hab.
1599	Álava	60 696 hab.
1553	Guipúzcoa	69 665 hab.

• Des densités contrastées : Une Espagne dense, peuplée au nord : la Galice (20 hab./km²) et la zone cantabrique où les densités sont de l'ordre de 22 hab./km². Localement, comme dans les vallées des « Asturies de Santillane », la densité moyenne est de 40 hab./km² ; c'est le plafond du monde plein. On retrouve cette Espagne dense sur les plateaux centraux de Castille (20-21 hab./km²). La province de Jaén et celles de Séville et de Cordoue présentent des densités comprises entre 16 et 20 hab./km². Le Sud et les périphéries sont moins peuplées : l'Estrémadure*, Guadalajara et Cuenca ont entre 10 et 15 hab./km².

Le royaume de Grenade, vidé de sa population morisque*, n'a pas fait le plein avec les repeuplants venus de Galice et du León. La Murcie avec 6 hab./km², la Manche et les provinces d'Albacete et de Ciudad Real (moins de 4 hab./km²) sont des régions « vides » d'hommes.

Valence et Majorque sont fortements peuplées (20 et 30 hab./km²). En revanche, l'Aragon et la Catalogne ont des densités proches de celles des autres périphéries : 7,5 et 11. Les trois provinces basques sont très peuplées (29 hab./km²).

Portugal. Après la mort du roi Sébastien à Alcazarquivir, lors de l'expédition marocaine, en 1578, c'est le vieux cardinal-infant Henri, dernier roi de la dynastie des Aviz, qui lui succède. Philippe II est candidat à la succession de la maison d'Aviz, en tant que fils d'Isabelle de Portugal, contre Catherine de Bragance, fille de l'infant Duarte et Antonio de Portugal, prieur de Crato, petit-fils illégitime du roi Manuel. Philippe II prépare une offensive diplomatique et militaire et envahit le Portugal en juillet 1580. Il convoque les *Cortes** à Tomar en avril 1581 : il est reconnu et proclamé roi par les trois ordres (*braços*). Il jure de défendre les privilèges et les *fueros** du Portugal ; seuls les Portugais pourront occuper les charges. Le roi s'engage en outre à ne pas convoquer les *Cortes* en dehors du Portugal et il crée à Madrid un Conseil du Portugal. Philippe II avait reçu l'appui de l'aristocratie locale et des judéo-convers* contre les « sébastianistes » (c'est-à-dire la croyance dans le retour du « roi caché », annoncé par Gonçalo Anes Bandarra). Le souverain demeure plus de deux ans à Lisbonne, puis il confie ce royaume à son neveu, Albert d'Autriche.

Après une période de coexistence, en 1637 il y eut des troubles à Évora, en raison des impôts exigés par Olivarès* qui avait souhaité en outre que la noblesse portugaise aille combattre en Catalogne*. En 1640, profitant de la mobilisation des troupes espagnoles dans la Catalogne récemment soulevée, les Portugais à leur tour s'insurgent le 1er décembre. Ils proclament roi le duc de Bragance sous le nom de Jean IV. Les Portugais ont bénéficié de l'aide de la France et de l'Angleterre. Après la mort de Philippe IV, le Portugal retrouvera son indépendance en 1668.

« Portugueses ». Voir Marranes, Judéo-convers.

Pragmática real n.f. (du grec *prâgma,* affaire, négoce). Ordonnance royale, loi qui est promulguée solennellement pour remédier à des abus, à des maux dont souffre l'État. Au temps des Rois Catholiques* et de Philippe II, une série de pragmatiques fixent ainsi le prix de vente du blé et du pain cuit.

Premio n.m. Prime, supplément de valeur des monnaies* d'or et d'argent par rapport au billon* pendant les crises du XVIIe siècle.

Presidios n.m.pl. (du lat. *praesidium*, garnison), **présides**. Les places fortes, garnisons (châteaux, forteresses) que l'Espagne possédait en Afrique du Nord : Oran, Mers el-Kébir, le Peñón de la Gomera, Melilla, Ceuta (conquête portugaise depuis 1415). Melilla fut conquise en 1496. Au XVIe siècle, il s'agissait de *presidios menores* où l'on confinait les exilés. À Ceuta, en 1787, il y avait 1 737 bannis et 2 625 militaires. Aujourd'hui, *presidio* signifie travaux forcés.

Primicias n.f.pl., **prémices**. Premiers fruits de la terre ou du bétail offerts au curé de la paroisse.

Privado n.m. Voir *Valido.*

Procurador n.m. Voir *Cortes.*

Propios n.m.pl. (du lat. *proprius,* qui appartient à quelqu'un). Les *propios* désignent un ensemble de biens et de droits qui appartiennent aux *concejos** et qui servent à financer les dépenses de la communauté villageoise. Il peut s'agir de prés, vignobles, bois, *dehesas** ou bien de moulins, fours, tavernes..., voire de maisons. L'existence des *propios* remonte au temps de la Reconquête, lorsque les communautés d'habitants avaient reçu des finages (voir *Término**) qui pouvaient être utilisés par les chefs de famille comme appoint économique.

Prostitution. La prostitution apparaît dans l'Espagne moderne comme très liée à l'ensemble de la société. Il y avait des *mancebías* (maisons closes) dans la plupart des villes. La prostitution était très réglementée dès l'époque d'Alphonse le Sage. Les prostituées devaient exercer leur « métier » dans un lieu précis et porter une toque couleur safran et une aigrette brillante ; on leur interdisait les vêtements de soie et les perles. Cette interdiction fut reprise en 1534 et jusqu'en 1623. Le 10 février 1623, Philippe IV ordonna la fermeture des maisons closes. La prostitution sauvage se développa partout : dans les auberges, sur les places, en dehors des murs des villes et sur les grands chemins.

On pouvait distinguer les *mancebas* vivant maritalement, les courtisanes qui travaillaient chez elles et ne dépendaient pas d'un ruffian et toutes celles — *rameras, busconas, mujeres públicas* — qui vivaient sous la tutelle d'un/une propriétaire de maison close : *madre/padre de mancebía.*

En 1585, le chanoine Pedro Farfán, dans son traité *De la simple fornication,* tenta de s'opposer à l'idée répandue à l'époque que la simple fornication n'était pas un péché mortel.

Comme le nombre des prostituées ne pouvait être réduit, il était clair que la seule alternative, c'étaient les structures d'enfermement. Elles furent préconisées par la mère Magdalena de San Jerónimo qui publia en 1608 un livre sur les prisons pour femmes : la *galera**, et par Cristóbal

Pérez de Herrera qui, dans l'*Amparo de pobres* (1598), élabora un projet de *casas del trabajo y labor*, où les prostituées et les vagabondes seraient enfermées, selon l'idée répandue que le travail corrige les mœurs.

Provincia n.f., **province**. Au XVIe siècle, le royaume de Castille* compte 18 « provinces », mais l'on continue à parler de *reinos*. C'est un terme flou qui s'applique ausssi bien aux 18 provinces qu'aux 40 *partidos**. La province est la plus grande unité territoriale et administrative.

La réforme des provinces aura lieu en novembre 1833 et l'Espagne sera alors divisée en 32 *provincias*.

Puertos secos n.m.pl. Les ports secs étaient des droits de douane perçus par le roi aux frontières entre la Castille et l'Aragon*, la Navarre* et Valence. Ils étaient affermés et, au temps de Philippe II, on en recensait 40.

Pureté de sang, *limpieza de sangre*. Être vieux-chrétien*, c'est ne compter parmi ses ascendants ni juif ou converti (*converso*) ni musulman. La pureté de sang n'a rien à voir avec l'*hidalguía* ou la noblesse. C'est l'apanage des *cristianos viejos*, et Sancho Panza revendique la pureté de son ascendance paysanne. Le premier statut de pureté de sang fut adopté par le conseil municipal de Tolède en 1449, il excluait les judéo-convers* des charges municipales. C'est le premier d'une longue liste qui touchera les ordres religieux, les collèges et universités*, les chapitres* des cathédrales... Les statuts de pureté de sang apparaissent à la fin du XVe siècle. En 1473, on fonde à Cordoue une confrérie* réservée aux vieux-chrétiens ; puis c'est le tour des *Colegios Mayores** : San Bartolomé de Salamanque* dès 1482 et celui de Santa Cruz de Valladolid* en 1488, celui de San Ildefonso d'Alcalá* en 1519. En 1486, les hiéronymites* imposent leur statut, suivis des dominicains* en 1489 et des franciscains* en 1525. Les cathédrales de Badajoz (1511), Séville (1515) et Cordoue (1530) adoptent également des statuts discriminatoires. Le sommet est atteint en 1556, lorsque le Conseil de Castille* approuve celui de la cathédrale de Tolède, défendu par l'archevêque Silíceo. La preuve de la pureté de sang fut un obstacle puissant et durable pour les descendants des judéo-convers*.

Q

Quintanilla (Alonso de). Né à Paderní dans les Asturies vers 1430, Quintanilla devient page / *doncel* à la cour de Jean II. En 1464, il est nommé *Contador Mayor* de Cuentas*, Grand Trésorier, Contrôleur général des finances. Ce grand commis de l'État va passer sa vie au service de la reine Isabelle, puis des Rois Catholiques*. En raison de la grande insécurité qui règne en Castille, sur sa proposition on crée une *Hermandad** (une fraternité) en 1476, aux *Cortes** de Madrigal. Quintanilla établit un rapport pour les Rois Catholiques en vue de l'armement du royaume, dans lequel il déclare avoir lui-même recensé la population des différents royaumes, sauf Grenade*. Ce *censo** n'a jamais été retrouvé.

Quinto del alma n.m. Ce cinquième de la succession « réservé à l'âme » sert dans les familles nobles à payer les messes pour le défunt, les dons aux églises, les dépenses liées aux funérailles, les livrées de deuil des domestiques, les legs aux pauvres* et à régler les dettes.

Quinto real n.m. Cinquième partie des métaux précieux, des trésors américains réservés au roi d'Espagne à partir de 1522.

R

Real n.m. Voir Monnaie.

Realengo adj. Les terres, villes et villages qui appartiennent au domaine royal. Voir *Abadengo*.

Reconciliado adj. Celui qui a abjuré ses hérésies et qui est revenu au sein de la communauté de l'Église. Peine classique lors des *autodafés**, assortie de la confiscation des biens.

Regalía n.f. (dér. savant du lat. *regalis,* royal), **droits régaliens**. Ensemble de prérogatives exclusives de la royauté, comme frapper des monnaies ou lever certains impôts (*yantares*). Les mines de fer, les salines*, les terres dépeuplées étaient des droits régaliens.

Regalía de aposento. Impôt sur les maisons de Madrid* né de l'obligation de loger les fonctionnaires et les courtisans. On échappait à cette contrainte en s'acquittant de ce droit. Lorsque Philippe II établit la capitale à Madrid en 1561, ce droit était égal à la moitié des loyers. Sous Philippe III, alors que la Cour était partie à Valladolid*, Madrid avait offert de payer un sixième en plus du montant des loyers pendant dix ans, espérant ainsi obtenir le retour de ladite Cour. On pouvait acheter une exemption de la *regalía de aposento.* Cet impôt fut perçu jusqu'au règne d'Isabelle II.

Regidor n.m. (dér. de *regir*, du lat. *regere*, gouverner), **échevin**. Équivalent de l'échevin français. Membre du conseil municipal (*veinticuatro* en Andalousie). Il peut être nommé par le roi, élu, avoir hérité de sa charge ou l'avoir achetée. L'origine des *regidores* remonte à Alphonse XI qui créa cette fonction dans les villes de *realengo**. Le nombre des *regidores* varie d'une ville à l'autre, il est généralement compris entre 2 et 12 ; il est de 24 en Andalousie. Les *regidores* exercent de multiples fonctions au sein de la communauté et ils sont payés par les municipalités. Les charges de *regidores* peuvent être vendues par le roi.

Regimiento n.m. Charge du *regidor**.

R

Registres paroissiaux. Livres tenus par les curés des paroisses où étaient enregistrés les actes de baptême*, de mariage* et de décès. Dans les périodes anciennes, ces registres tenaient lieu d'état civil et ils constituent une des sources privilégiées pour la démographie historique. En Aragon, il existait les *Quinque libri* (*cinco libros*), cinq livres où étaient consignés les actes : baptêmes, confirmations, confessions et communions pascales, mariages et décès.

Regatón n.m., **regrattier**. Celui qui revend en détail ce qu'il a acheté en gros. On interdit aux regrattiers d'aller au-devant des marchands*. Le *corregidor** peut punir ceux qui, ayant acheté toute la marchandise destinée à une bourgade, l'ont cachée pour la revendre plus cher. La revente est condamnée par le juriste Castillo de Bovadilla : « elle est abominable et source de mensonges, jalousies et fraudes ». Les *Cortes** interdisent aux regrattiers la revente du sel, sauf aux muletiers qui l'ont acheté pour aller le vendre d'une bourgade à une autre. On leur demande alors de vendre le sel sur-le-champ, sans faire monter les prix.

Relations topographiques. Les *Relaciones histórico-geográficas de los pueblos de España* ou *Relaciones topográficas* sont conservées à la bibliothèque du monastère de l'Escorial*. Il s'agit de 713 descriptions de bourgades de Nouvelle-Castille, des enquêtes sur le terrain en somme. Ce sont des réponses fournies par les notables, membres des *concejos**, à deux questionnaires (l'un de 1575 qui comportait 57 questions et l'autre de 1578, 45 questions) que l'administration de Philippe II avait présentés dans les villages de Castille. Les questions portent sur le nom et la date de fondation de la bourgade, le climat et l'hydrographie, le régime juridictionnel, la situation géographique, les routes, les ressources, les dîmes, la population et l'habitat, etc. Les *Relaciones* sont des documents précieux pour l'historien des mentalités et pour l'étude de la vie socio-économique des villages de Castille au XVIe siècle.

Remesas de Indias n.f.pl. Les arrivées de métaux précieux en provenance des Indes*. Voir aussi *Casa de la Contratación*.

Residencia n.f. Voir *Corregidor*.

Restauration (de l'Espagne). La constatation de la décadence, du mal radical dont souffre l'Espagne du début du XVIIe siècle, conduit les arbitristes* et les écrivains politiques à proposer des remèdes visant à la « restauration » de l'État, de la monarchie : « *la restauración general de España* ». *Restauración* et *conservación* ont une connotation morale et mythique. Les auteurs invitent leurs contemporains à retrouver une richesse ancienne, un âge d'or révolu, c'est-à-dire l'époque des Rois Catholiques*. Ces termes apparaissent de façon récurrente dans les titres des mémoires et *arbitrios* du temps.

***Rey Planeta,* « Roi Planète »**. Nom donné à Philippe IV à partir de 1623.

Riberiego adj. Désigne les troupeaux sédentaires. Voir *Mesta*.

Rocroi (19 mai 1643). La bataille de Rocroi signifia la fin de l'hégémonie espagnole en Europe. Ce fut la plus grande défaite subie par l'infanterie (le *tercio**) jusqu'alors redoutable du roi d'Espagne. Décidé à exploiter le succès de la bataille de Honnecourt, le gouverneur des Pays-Bas, Francisco de Melo, envoya ses troupes occuper Rocroi. Le duc d'Enghien (le prince de Condé) avait réussi à introduire des renforts dans la ville et à placer son armée (23 000 hommes). Les Espagnols disposaient d'une artillerie puissante pour protéger le siège et de 27 000 hommes ; ils espéraient l'arrivée d'un renfort de 6 000 hommes. Après trois assauts et après la mort du vieux comte de Fontaines (*conde de Fuentes*), un Flamand, les Espagnols se rendirent.

Rois Catholiques. Isabelle de Castille et Ferdinand d'Aragon. En 1469, Isabelle, héritière de la Couronne de Castille, épouse Ferdinand, le fils aîné du roi d'Aragon Jean II. Isabelle se fait proclamer reine de Castille à Ségovie le 13 décembre 1474, le lendemain de la mort de Henri IV de Castille. En 1479, Ferdinand succède à son père et devient Ferdinand II d'Aragon et Ferdinand V de Castille. Les Rois Catholiques ont conservé leur prééminence, chacun dans leur État. Grâce à l'union personnelle, les deux souverains ont réalisé l'unité territoriale et religieuse de l'Espagne et ils ont « restauré l'État ». C'est le pape Alexandre VI qui, dans une bulle, en 1494, leur a donné ce titre de « Rois Catholiques ». L'Espagne des Rois Catholiques a été perçue comme une Espagne mythique, un âge d'or. Le chroniqueur Hernando del Pulgar est l'un des créateurs de ce mythe.

R

Romería n.f. (dér. de *romero*, du latin tardif *romaeus,* romain ; ce mot désignait les pèlerins qui allaient à Rome). À Madrid* au XVIIe siècle, il existait des fêtes* à caractère religieux et champêtre, en l'honneur de certains saints. Ces *romerías* avaient lieu au printemps : la première pour la saint Blaise, le 3 février ; le 1er mars, on se rendait à l'ermitage de l'*Angel de la Guarda,* sur les bords du Manzanares ; *El Trapillo* se déroulait le 25 avril, jour de la saint Marc, jusqu'en 1643. Cette année-là, un bref pontifical supprima de nombreuses fêtes votives. Les Madrilènes allaient en procession à l'ermitage du saint. Beaucoup plus huppée — le roi Philippe IV en effet ne répugnait pas à s'y rendre — était la *romería* de *Santiago el Verde*, le 1er mai, dans un lieu appelé *El Sotillo* ; ce pèlerinage était dédié à saint Jacques et à saint Philippe. La dévotion au saint patron de Madrid — San Isidro —, surtout après 1622, était aussi l'occasion de réjouissances populaires au mois de mai.

Roussillon. Voir Salses, Catalogne.

Routes. Le réseau routier est inégal selon les régions. On dispose pour le XVIe siècle d'un guide des principales routes du royaume et des auberges*/*ventas* : le *Repertorio de todos los caminos de España,* du Valencien Pero Juan de Villuga (Medina del Campo, 1546). De Madrid* et Tolède partent les principaux itinéraires de l'époque. Des régions comme la Galice* et l'Estrémadure* restent isolées. Les routes sont peu sûres, et pourtant fort pratiquées : on y rencontre les muletiers, les marchands*, les pèlerins, les bergers de la *Mesta**, les *correos* ou messagers qui transportent les courriers à destination de la Cour et les moines mercédaires* qui collectent des aumônes pour le rachat des captifs.

S

Salamanque. Salamanque, c'est avant tout l'université*, la capitale du savoir avec, au temps de sa splendeur, plus de 6 000 étudiants, 28 relieurs, 15 imprimeurs, 8 libraires et 26 *escribanos**. En 1598, la ville compte environ 18 000 habitants.

Salines. Les salines sont un monopole* d'État affermé. À partir de 1564-1566 toutes les salines du royaume de Castille* sont étatisées, à l'exception de celles d'Andalousie. Le 3 janvier 1631, on créa un monopole royal sur le sel qui devait se substituer aux *millones**.

Salón de Reinos. Voir *Buen Retiro*.

Salses (siège de) (1639-1640). La forteresse de Salses se situe à l'entrée de la plaine du Roussillon et occupe une position stratégique. Ferdinand le Catholique l'avait fait construire pour arrêter les invasions françaises en Roussillon. Pendant la guerre qui oppose l'Espagne et la France depuis 1635, Salses est un enjeu. Le 11 juin 1639, les Français, avec le prince de Condé, pénètrent en Roussillon et, après avoir gagné Opoul le 13, Pia et Rivesaltes le 15 et Estagel le 17, attaquent Salses qui capitule le 19 juillet. Espenan est nommé gouverneur de la place. Le 22 décembre, les assiégés français, en l'absence de l'arrivée du secours attendu, demandent à capituler. Le 6 janvier 1640, la forteresse de Salses se rend aux Espagnols.

Un deuxième siège de Salses aura lieu en 1642 et une nouvelle capitulation des Espagnols le 29 septembre. Les Français occupent définitivement Salses, après avoir pris Perpignan le 12 septembre.

San benito n.m. Le *san benito* était, avec le bonnet pointu (*coroza*), la tenue obligée que revêtait le condamné lors de l'*autodafé**. Ce vêtement généralement en drap était jaune safran avec, après 1514, la croix de saint André. On suspendait le *san benito*, ou plutôt la *manteta* (une pièce de toile sur laquelle figuraient le nom et le crime du condamné), moins encombrante, dans l'église paroissiale de l'hérétique en signe d'infamie durable.

« ***Santa Hermandad*** ». Sorte de gendarmerie rurale chargée de la sécurité des campagnes. Sa juridiction s'étendait aux bourgades de moins de 50

« feux ». Elle recrutait des brigades locales *(cuadrillas)* pour punir les délits. Les *cuadrilleros* — des archers armés de lances et d'arbalètes — poursuivaient les délinquants. La peine capitale était la mort par tir de flèches (*asaetamiento*).

Au XIVe siècle, on avait déjà créé les trois *Santas Hermandades Viejas* de Tolède, Ciudad Real et Talavera. La *Santa Hermandad Nueva* fut fondée en avril 1476 aux *Cortes** de Madrigal. Alonso de Quintanilla*, Grand Trésorier du Royaume, en fut le promoteur : en juillet-août 1476, il convoqua à Dueñas les représentants des villes et villages et organisa une *Hermandad* au plan du royaume. La *Hermandad* comme institution centralisatrice fut dissoute en 1498 ; néanmoins, les brigades locales subsistèrent, avec des juges (*alcaldes de Hermandad*) pour réprimer le banditisme*.

Santiago. Voir Ordres militaires.

Santo Oficio. Voir Inquisition.

Secrétaires (du Roi). Au temps de l'empereur et de Philippe II, les secrétaires étaient le lien entre le monarque et le Conseil d'État. Ils avaient la confiance du roi et le déchargeaient de certains dossiers. Sous Charles Quint, ce furent d'abord des secrétaires « étrangers » : Juan Hannart en 1522, Juan Alemán et Nicolas de Granvelle, puis des « Espagnols » : Francisco de los Cobos, Trésorier (*contador)* qui sut éviter la banqueroute de l'État et qui exerça un nombre impressionnant de charges. Il fut *marcador y fundidor de las Indias* et *adelantado* de Cazorla*. Il y eut également le célèbre érasmisant Alfonso de Valdés et Gonzalo Pérez. Antonio Pérez, enfin le secrétaire de Philippe II, qui desservira don Juan d'Autriche* et trahira le roi.

Segadors n.m.pl., **moissonneurs, ouvriers agricoles** (en catalan). Les *segadors* jouèrent un rôle essentiel dans le soulèvement de Barcelone, lors du Corpus de sang* en 1640.

Señorío n.m., **terres seigneuriales**. Le paysan de Castille était une personne « émancipée », comme en témoignent les différents *fueros** octroyés par les rois aux XIIe et XIIIe siècles, qui exemptaient les vassaux des corvées, droits de péage (*portazgo* à Guadalajara) ou service de guerre (*anubda* : Escalona). En Aragon (voir Couronne d'Aragon), les seigneurs avaient encore quantité de droits sur leurs vassaux. En Castille, les seigneurs n'avaient que des pouvoirs de type juridictionnel : ils percevaient des redevances et disposaient de prérogatives en matière de justice et d'administration municipale.

Les principaux droits « seigneuriaux » étaient des droits fonciers : *censo*, *foro*, *martiniega* (une espèce de cens payé à la saint Martin), *pecho forero* (dans la *tierra** d'Alcalá) lié à l'occupation du sol. Le *yantar,* ou droit de gîte, était devenu quasiment obsolète. En revanche, l'ancien droit de *luctuosa* subsistait en Galice*, dans les Asturies et en Vieille-Castille : lorsque le chef de famille mourait, le seigneur s'octroyait une part de l'héritage (un cheval ou de l'argent) ; c'est en quelque sorte le droit de « mainmorte* » médiéval. En outre, le seigneur nommait les magistrats municipaux : *alcaldes *, escribanos ** ou *alguaciles**.

Servicio n.m. (du lat. *servitium*), **service**. Impôt direct, le *servicio* peut être ordinaire ou extraordinaire. Il est voté par les *Cortes** réunies par le roi, en principe tous les trois ans. Seuls les *vecinos pecheros** payent cet impôt personnel. Les exemptés sont les *hidalgos**, le clergé*, les docteurs d'université, les villes de Burgos et de Tolède, les provinces basques et Grenade*.

Servicio y montazgo n.m. Droit qui frappe les troupeaux de la grande transhumance, la *Mesta**. Droits de transhumance (*servicio*) et de pâturage (*montazgo*) qui sont perçus au passage des *puertos reales*, au nombre de 20 à la fin du XVIe siècle.

Séville. Capitale d'un des royaumes de *taifas* au XIe siècle, puis des Almohades (la Giralda et la Tour de l'Or témoignent de cette époque-là), elle fut reconquise en 1248 par Ferdinand III. Depuis la découverte de l'Amérique, son destin est lié à l'Atlantique, dont elle n'est éloignée que de 90 kilomètres par le fleuve. Tous les bateaux à destination du Nouveau Monde* partent de Séville. Le monopole du commerce des Indes*, qui lui assure le contrôle des richesses américaines, fait de Séville une capitale internationale. En 1503, on y établit la *Casa de la Contratación** chargée de gérer le commerce avec l'Amérique, d'organiser le départ des flottes et de contrôler l'émigration. Ville industrielle et commerciale, gros marché agricole (blé, vigne et olivier), cité des cambistes, marchands* et banquiers, Séville — la ville la plus peuplée d'Espagne (200 000 habitants à la fin du XVIe siècle) — devient pour un siècle la capitale économique de la Castille. À Madrid, on attend fébrilement l'arrivée de la flotte des Indes qui apportera le précieux métal. Cadix, sa rivale, triomphera de Séville au XVIIIe siècle, avec le transfert de la *Casa de la Contratación** en 1717, en réalité dès 1680.

Sisa n.f. (du fr. anc. *assise*, impôt payé par le peuple). Taxe sur certaines denrées alimentaires comme la viande, le poisson ou le vin.

Sitios reales n.m.pl. Résidences royales dans les environs de Madrid*. La *Junta de Obras y Bosques* gère ces domaines royaux.

Le *Pardo* est le plus proche de la capitale. Il est situé, dans la vallée du Manzanares, au milieu d'une forêt de chênes où les monarques aiment à venir chasser. Le premier édifice datait de 1405 ; Charles Quint puis Philippe II l'ont fait reconstruire.

Aranjuez, dans la vallée du Tage, appartint au grand-maître de Saint-Jacques* jusqu'au temps des Rois Catholiques*. Au XVIe siècle, Philippe II confie à Juan Bautista de Toledo et à Juan de Herrera l'agrandissement du palais. On y crée des « jardins flamands » avec des bassins et des fontaines pour le plaisir du roi.

Valsaín est un palais austère édifié en 1566, non loin de Ségovie, au milieu d'immenses pinèdes servant aux chasses royales.

La Granja de San Ildefonso fut choisie par Philippe V en 1720 comme résidence royale pour l'été. Le palais construit dans le style « petit Versailles » s'élève à l'emplacement d'un ancien domaine appartenant aux Hiéronymites*. La Granja se trouve sur le chemin qui mène de Ségovie au col de Navacerrada.

L'Escorial* fait partie des *sitios reales.*

Situado n.m. Voir *Juro.*

Soie de Grenade (impôt sur la). Les Rois Catholiques* avaient conservé, après la chute de Grenade*, les droits du temps des Maures. Un impôt portait sur la production : la soie apportée dans les trois *alcaicerías** de Grenade, Málaga et Almería était mise aux enchères et le prix le plus élevé servait à fixer le montant du *diezmo* ou dixième. Il y avait aussi l'*alcabala**

de la soie pour les ventes à l'intérieur du royaume de Grenade et un droit sur les exportations hors du royaume de Grenade.

***Solar* (*Casa solar*)** n.f. (de *suelo,* du lat. *solum,* base, endroit où l'on vit). Maison, berceau du lignage dans les familles nobles. L'aîné de la famille, le *pariente mayor,* hérite du *solar*. L'*hidalgo* de solar conocido* est celui dont la noblesse remonte à la nuit des temps. Tout lignage possède un nom, des armes et un *solar.*

Au Mexique, le *solar* traduit l'enracinement du *conquistador**, c'est le terrain qui lui a été attribué lors de la conquête et où il va établir sa maison.

Solicitantes n.m.pl. (*Sollicitantes ad turpiam*). Prêtres séducteurs qui « sollicitaient » les femmes, les invitaient au péché pendant la confession et sous couvert de la direction de conscience. Les tribunaux inquisitoriaux péninsulaires et américains pourchassèrent la « sollicitation ».

Sorcellerie, *brujería-hechicería*. L'espagnol distingue les *brujos / brujas,* les suppôts de Satan, hérétiques apostats et les *hechiceras* qui font usage de sortilèges et qui recourent à des pratiques superstitieuses. L'hérésie qui relève des inquisiteurs consiste à attribuer au démon des pouvoirs divins. La sorcellerie est majoritairement féminine. Le Pays basque, la Galice* et la Navarre* sont le fief des sorciers et sorcières.

La sorcellerie représente moins de 9% des procès de l'Inquisition*. Le Saint-Office s'est montré en Espagne d'une clémence relative à l'égard des sorcières. Le procès de Logroño et l'*autodafé** du 7 novembre 1610, où furent brûlés six condamnés, eurent un impact considérable et changèrent l'attitude du Saint-Office* face aux sorcières.

Selon le *Malleus Maleficarum* de Sprenger (1486), la sorcière est une femme perverse qui accepte un pacte avec le Démon, symbole de luxure. La sorcière se livre au démon incube qui prend alors l'apparence d'un homme, après le serment, et vole à travers les airs après s'être enduite d'un onguent hallucinogène, pour se rendre au sabbat. Certains onguents fabriqués avec la ciguë, la mandragore ou la belladone permettent le « rêve sabbatique ». Le sabbat se déroule dans la campagne et les sorcières dansent dans un cercle (rite de la magie noire) au centre duquel se trouve le bouc / Démon. On rencontre ce type de sorcières érotiques dans les bourgades de Nouvelle-Castille. On connaît 287 cas de sorcellerie pour le tribunal de Tolède, la plupart datent du XVIIe siècle. Ces prétendues sorcières reçoivent un châtiment léger : deux cents coups de fouet et le bannissement, parce que les inquisiteurs pensaient qu'il s'agissait en définitive de femmes marginales victimes d'hallucinations collectives.

Subsidio n.m. Appelée aussi *décima*, cette taxe, « grâce » accordée par le pape, était payée au roi par le clergé*. Elle était égale au dixième de tous les revenus ecclésiastiques. Les Rois Catholiques* obtinrent en effet du pape le droit de percevoir des *subsidios* au moment de la guerre de Grenade* . Philippe II généralisa cette contribution. Le *subsidio de las galeras* était une contribution du clergé* espagnol à la guerre navale contre les infidèles (en 1561, 60 galères furent ainsi entretenues).

Suprema. Voir Inquisition.

T

Temps clos. Partie de l'année liturgique. L'Avent (qui précède Noël) et le Carême (avant Pâques) sont les deux temps clos, c'est-à-dire les temps de pénitence, pendant lesquels l'Église interdit la dernière étape solennelle du mariage* : la bénédiction nuptiale ou *velaciones*. Voir Mariage.

Tercias reales n.f.pl. Appelées aussi *novenos*, les *tercias* étaient les deux neuvièmes de toutes les dîmes* ecclésiastiques accordées au roi d'Espagne par le pape. Cet impôt, perpétué en 1494, fut intégré aux *alcabalas** et soumis au régime de l'*encabezamiento* ou forfait. Les *tercias* étaient perçues d'une Ascension à l'autre. Dans certaines localités, le roi ne percevait que la moitié des *tercias* (Medina del Campo). Ailleurs, c'était le chapitre (voir à *Cabildo*) ou un seigneur.

Tercio n.m. Infanterie de l'armée espagnole. Le *tercio* est la clef de voûte de l'armée d'Espagne et demeure inexpugnable jusqu'à Rocroi* en 1643. Le recrutement est assuré par le système de la *conducta* (document qui permet à un capitaine de recruter des hommes : *levantar un tercio* dans une région précise). Le maître de camp (*maestre de campo)*, choisi par le roi, commande le *tercio,* composé de 12 à 15 compagnies de 250 hommes chacune.

Término n.m. (du lat. *terminus*, borne, limite), **finage**. Étendue d'une juridiction ou d'une paroisse*. Un vaste finage est un appoint essentiel pour la communauté villageoise. Le finage — dont l'origine remonte le plus souvent à l'époque de la Reconquête — sert pour mener paître les troupeaux des habitants. Il y a des terres communes à un ensemble de villages, c'est le *término común* ou *término redondo*. Dans l'Espagne classique, globalement, les paysans se plaignent de l'exiguïté ou de la disparition de leur finage et dénoncent les exactions des riches citadins.

Testament. Voir Mort.

Tierra n.m. La *tierra* est une unité administrative, une fédération de villages qui date de la Reconquête. C'est un ensemble de villages (*pueblos* et *aldeas*), groupés dans la juridiction d'une *villa**, fondée au

Moyen Âge ou d'une *ciudad**. Elle crée des liens juridiques entre les villes et les campagnes de Castille.

Título n.m. Noble titré. Les nobles titrés (*títulos*) aspiraient à devenir Grands*. Vicomtes, comtes et marquis étaient 60 en 1520, 68 en 1554, 100 en 1581, 124 en 1597, 241 en 1631.

Transhumance. Voir *Mesta*.

Trasmiera **(*Montaña de Santander*)**. La Merindad* de Trasmiera était l'une des 18 provinces* fiscales du Royaume de Castille* avec pour capitale Santander. Elle s'étendait de Castro-Urdiales à l'est à Potes (Asturies) à l'ouest. Les quatre *villas al mar*, Laredo, Castro-Urdiales, Santander et San Vicente de la Barquera représentaient une ouverture de la Castille sur la mer Cantabrique. Elle correspondait à l'actuelle province de Santander ou Communauté de Cantabria.

Trêve de Douze Ans (1609-1621). Voir Guerre de Trente Ans et Flandres.

Trinitaires. Ordre rédempteur mendiant, à l'égal des mercédaires*. Les trinitaires furent établis pour la rédemption des captifs. En 1591, ils étaient 625 membres répartis dans 27 maisons situées principalement en Vieille-Castille, et en Andalousie. À Madrid*, Philippe II dès 1562 avait choisi de faire édifier un couvent de trinitaires chaussés, dans la rue d'Atocha. Le père Hortensio Félix Paravicino, provincial des trinitaires de Castille, fut le célèbre prédicateur de la Cour au temps de Philippe III.

U - V - Y

***Unión de Armas,* Union des Armes**. Le Comte-Duc d'Olivarès*, dans un processus d'uniformisation des différents royaumes d'Espagne et dans une volonté centralisatrice, avait mis sur pied un projet d'« Union des Armes » : une participation militaire et fiscale des autres territoires du roi d'Espagne, alors que par le passé seule la Castille avait supporté le poids des dépenses de la monarchie. Ce projet, daté du 15 octobre 1625, avait déjà été exposé dans le *Gran Memorial* de 1624. Il s'agissait de fournir des contingents, au total 140 000 hommes : l'Aragon entretiendrait 10 000 hommes, la Catalogne* 16 000, Valence 6 000, la Castille et les Indes* 44 000, le Portugal* 16 000, Naples 16 000, la Sicile 6 000, Milan 8 000, les Pays-Bas 12 000 et les îles Baléares et les Canaries 6 000. En cas de guerre, on prévoyait une aide de 20 000 fantassins et de 4 000 cavaliers supportée par tous les royaumes. Ce projet fut un échec pour Olivarès* et pour la Couronne : la Catalogne refusa catégoriquement et il y eut des problèmes dans les Flandres* et aux Indes*.

Universités. Les premières universités hispaniques apparaissent au début du XIIIe siècle à Palencia (1208-1214) et à Salamanque* (1218-1255) avec le nom d'*Estudios generales*. Ce sont des fondations royales. Au XIVe siècle, Lérida devient la *Real y Pontificia Universidad de la Corona de Aragón* et Clément VI, le 31 juillet 1346, déclare *General* l'*Estudio* de Valladolid* avec toutes les facultés sauf celle de théologie, puis ce seront Perpignan et Huesca.

La plupart des universités datent du XVIe siècle : 24 sont créées entre 1530 et 1630. Citons Alcalá* (1499-1508) fondée par le cardinal Cisneros, Tolède, Saint-Jacques (1526) par l'archevêque Fonseca, Grenade* (1526) par Charles Quint, Valence (1500) par la municipalité, Mexico et Lima par Charles Quint en 1551.

Les universités ont un double patronage, royal et pontifical. Elles sont régies selon des statuts. Le chancelier est un ecclésiastique et le recteur un laïc, sauf à Alcalá où il n'y a pas de chancelier. En Castille, les professeurs titulaires sont élus par les étudiants, à l'instar du collège des Espagnols de Bologne. L'année universitaire commence à la saint Luc, le

18 octobre et se poursuit jusqu'à la Vierge de septembre. L'étudiant fait d'abord ses « études secondaires » dans une *escuela de gramática* où il apprend le latin, il entre à la « faculté des arts » (*artes*) qui dispense des enseignements de logique, rhétorique, philosophie naturelle, grammaire, grec ou hébreu, métaphysique (seulement à Alcalá, Valence et Barcelone au XVIe siècle) et de mathématiques. Ensuite, il étudie dans les facultés supérieures : la théologie, ou la médecine, ou bien le droit canon et le droit civil.

On compte environ 15 000 étudiants dans l'ensemble du royaume de Castille* à la fin du XVIe siècle. Les étudiants inscrits à l'université de Salamanque au moment de son apogée (la deuxième moitié du XVIe siècle) sont un peu moins de 6 000. Pendant la même période, ils sont environ 3 000 à Alcalá. On observe une baisse générale du nombre des étudiants dans la deuxième moitié du XVIIe siècle.

V

***Valido*, favori**. Le *valido* ou *privado*, c'est le favori élevé au rang de presque premier ministre, de par la seule volonté du roi. De Philippe III à Charles II, le roi délègue son autorité et l'exercice du pouvoir à un favori, substitut de la personne royale. Au XVIIe siècle, on est en présence en quelque sorte de deux « dynasties » : la dynastie royale et la dynastie ministérielle : les Sandoval y Rojas sous Philippe III ; les Guzmán, les Monterrey et les marquis du Carpio au temps de Philippe IV. C'est le triomphe et la revanche de la haute aristocratie avec ses clientèles, des Grands qui avaient été évincés au profit des conseillers (*letrados**) du règne de Philippe II.

Validos de Philippe III : duc de Lerme (1598-1618) et duc d'Úceda de 1618 à 1621.

Validos de Philippe IV : Baltasar de Zúñiga qui mourra en 1622. Le Comte-Duc d'Olivarès*, don Gaspar de Guzmán y Pimentel, est le neveu de Zúñiga et gouverne de 1622 jusqu'à sa disgrâce en 1643. Don Luis de Haro est le neveu du Comte-Duc et se maintient jusqu'à sa mort en 1661.

Validos de Charles II : Nithard — un jésuite autrichien — de 1666 à 1669. Don Fernando de Valenzuela de 1673 à 1676. Don Juan José d'Autriche, fils bâtard de Philippe IV, de 1677 à 1679.

Valladolid. Ville importante de la Vieille-Castille, qui fut le siège d'une des deux Chancelleries* du royaume de Castille* et la capitale de l'Espagne avant 1560. Les *Cortes** s'y réunirent souvent aux XVe et XVIe siècles, ce qui entraînait la présence du roi et de la Cour. En 1561, Valladolid comptait 45 000 habitants. L'université*, qui attirait les étudiants de la Vieille-Castille, de la Navarre* et des provinces cantabriques, formait les fonctionnaires de la Chancellerie : auditeurs, procureurs, avoués, notaires, tous juristes (*letrados**). On y enseignait aussi la médecine. Valladolid fut à nouveau la capitale des Espagnes au début du règne de Philippe III, jusqu'en 1606.

Valteline. La Valteline, haute vallée de l'Adda, dans les Alpes, est un passage stratégique entre Milan et Innsbruck au XVIIe siècle. Pour se rendre du Milanais aux Pays-Bas* ou au Tyrol, le *tercio** emprunte ce corridor grison-valtelin : le « chemin espagnol ». La Valteline assure les communications entre l'Italie et l'Europe du nord. Par le traité de Monzón en 1626, la Valteline est sous la domination des Grisons, mais le Milanais et le Tyrol — les Habsbourg* en somme — obtiennent le libre passage.

Vara n.f. (du lat. *vara*, tréteau pour scier du bois, fourche), **aune**. Voir Poids et mesures.

Vecindario n.m. Liste des *vecinos** qui constituent une communauté d'habitants, effectuée en vue d'un recouvrement de l'impôt.

Vecino n.m. (du lat.*vicinus,* dér. de *vicus,* quartier, village), **« feu »**, foyer fiscal. Dans l'Espagne moderne, la population est recensée en « feux ». On estime que le « feu » correspond globalement à 4,5 habitants.

Veguer n.m. Les *veguers* étaient des fonctionnaires, en Catalogne*, investis de fonctions administratives, judiciaires et militaires dans le cadre d'une division territoriale appelée *veguería.* Le *veguer* incarnait le pouvoir royal et il était le garant de la paix publique. En 1716, ils furent remplacés par des *corregidores**, selon le modèle castillan.

Veinticuatro n.m. Voir *Regidor.*

Velaciones n.f.pl. Bénédiction nuptiale solennelle. Voir Mariage.

Vellón n.m., **billon**. Voir Monnaie.

Venta n.f. Voir Auberges.

Veuves. On recense dans l'Espagne classique entre 10 et 20% de veuves chefs de famille (*vecinas*). Elles sont comptées assez souvent comme « demi-feux* », à l'égal des enfants mineurs, et apparaissent dans les listes nominatives sous la rubrique « *viuda* » ou « *la de* ». Dans la société espagnole du temps, un *vecino* sur cinq est une veuve : c'est une réalité sociale et un poids économique certain. Peu de veuves se remarient et elles sont souvent chargées d'enfants. Un grand nombre de veuves sont démunies et se déclarent *pobres* d'un point de vue fiscal. Certaines exercent des petits métiers : elles filent la laine, tissent, vendent au détail des épices, des œufs ou du bois ; elles tiennent une auberge* ou une taverne, logent des étudiants (à Alcalá*, à Salamanque*) ou des voyageurs (à Madrid* et à Cadix). En milieu rural, elles font les travaux des champs ; les plus aisées ont un attelage et un troupeau, ce sont les *viudas labradoras*. On recense de nombreuses fournières-boulangères qui cuisent du pain et vont le vendre. Il y a celles qui sont obligées de mendier et qui font partie du groupe des pauvres* et assistés. Toutefois, une minorité de veuves possèdent du bien : maisons, terres et vignes et sont qualifiées de *ricas*, aisées.

L'Église réprouvait, au XVIe siècle comme au Moyen Âge, les secondes noces, qu'elle qualifiait d'adultère dissimulé — *honesta turpido* — et même de bigamie. La société rurale se moquait des veufs qui se remariaient et qui enlevaient des possibilités au « marché matrimonial endogamique » en épousant une célibataire du village.

Vieux-chrétien, *cristiano viejo*. Celui qui n'a aucune ascendance juive ou maure.

Villalar. Voir *Comunidades.*

Villes, *ciudades, villas*. Ville se dit communément en espagnol *ciudad* mais *villa* s'est maintenu comme statut privilégié des villes d'Espagne. La *ciudad* est grande, nombreuse et jouit de privilèges municipaux supérieurs à ceux de la *villa.* C'est la cité : la *ciudad / civitas* entourée de murs. Au XIVe siècle, beaucoup de *ciudades* n'étaient encore que de gros bourgs, mais elles avaient toutes une enceinte, un marché et un artisanat, voire une foire accordée par privilège royal. C'est là que se trouvent la cathédrale et l'évêque : « dans ladite ville et ses faubourgs (Mondoñedo, en Galice*) il y a la cathédrale et un évêque ». Le roi, voulant récompenser ou élever une bourgade (*villa*), lui conférait le titre de *ciudad.* Ciudad Real fondée en 1255 s'appelait Villareal. En 1420, elle reçut le statut et le titre de *ciudad* et prit le nom de Ciudad Real. En 1638, la *villa* de Fontarabie, après le siège et la victoire sur les Français, fut promue *ciudad* : « l'inexpugnable *villa*, maintenant *ciudad* de Fontarabie ».

Moins de 5% des villes d'Espagne ont le titre de *ciudades* du XVIe au XVIIIe siècle.

La *villa* (Linares, Castro-Urdiales, Olmedo, Arévalo, Madrid*, etc.) est une bourgade autonome et elle étend sa juridiction à un ensemble de villages : la *tierra**. Il y a des *villas* d'une centaine d'habitants (Lara, Jabalquinto) et des agro-villes de 4 000 à 5 000 habitants (El Toboso, Pastrana, Arjona). Certaines *villas* sont de véritables agglomérations urbaines, à l'égal des *ciudades :* Huelva, Cáceres, Alcalá*, Valladolid* ou Madrid, la capitale des Espagnes depuis 1561. C'est la *villa* par excellence.

En 1787 (Censo de Floridablanca), il y avait 145 *ciudades* et 4 572 *villas.* Sur les 145 *ciudades*, 116 (soit 80% du total) relèvent de la juridiction royale (*realengo**). 50% des *ciudades* se situent dans les Espagnes périphériques.

Villa s'est maintenu du XVe siècle à aujourd'hui comme statut privilégié des villes d'Espagne. Dans la stratification des emplois, c'est pourtant *ciudad* qui l'a emporté.

Virrey n.m., **vice-roi**. Représentant du roi dans ses autres royaumes : Aragon* (Saragosse), Catalogne* (Barcelone), Valence, Navarre* (Pampelune), Sicile (Palerme), Naples. L'Amérique espagnole était divisée en deux vice-royautés : la Nouvelle Espagne* fondée en 1535 avec pour siège Mexico et le Pérou à partir de 1542, dont le siège était à Lima.

Visita de aposento n.f. Dans les années 1620, la situation des habitations à Madrid* était complexe. Il y avait les *casas a la malicia**, des maisons exemptées pour un certain nombre d'années de l'*aposento**, comme celles de la récente *Plaza Mayor**, et les maisons dont les propriétaires s'étaient acquittés de la *regalía de aposento**. En 1621, don Diego de Corral y Arellano, conseiller de la *Cámara* du roi, auteur de la *consulta* de 1619, *Visitador de Aposento*, fit exécuter la *visita* en recensant les rues et toutes les maisons de la capitale, afin d'établir les *composiciones de casas*, c'est-à-dire le montant de l'impôt ou l'exemption qui évitait d'avoir à loger les fonctionnaires ou autres hôtes (*huéspedes*).

Visite pastorale. Visite-inspection effectuée dans les diocèses et les paroisses* par l'évêque ou son représentant (*vicario*). Le rapport de cette visite est consigné dans les registres paroissiaux*. L'inspection porte sur la tenue des registres, la conduite du clergé* et des fidèles et l'application des décrets du concile de Trente* (publication des bans*, respect des *velaciones**, etc.).

Y

Yugada n.f. (de *yugo,* du lat. *jugum,* joug). Demi-arpent de terre : c'est-à-dire autant qu'un attelage de bœufs pouvait labourer en un jour. Voir Poids et mesures.

Yuste. Couvent de Hiéronymites*, en Estrémadure*, où Charles Quint s'était fait construire une retraite et où il mourra le 21 septembre 1558.

CHRONOLOGIE

Événements politiques	Économie et société	Vie intellectuelle et religieuse
1469 : mariage d'Isabelle la Catholique et de Ferdinand d'Aragon		
1474 : proclamation d'Isabelle et de Ferdinand		
1476 : création de la *Santa Hermandad*		
1478 : création de l'Inquisition pour la Couronne de Castille		
1479 : Ferdinand roi d'Aragon		
	1483 : peste à Barcelone	
1492 : 2 janvier, prise de Grenade. Expulsion des juifs d'Espagne. Christophe Colomb découvre l'Amérique	**1492** : premier voyage de Christophe Colomb.	**1492** : la *Gramática castellana* de Nebrija
	1493 : peste à Barcelone	
1494 : traité de Tordesillas avec le Portugal sur le partage du Nouveau Monde (bulle d'Alexandre VI)	**1494** : création du Consulat de Burgos	
1496 : conquête de Melilla		
		1499 : fondation de l'université d'Alcalá. La *Celestina* de Fernando de Rojas (en 16 actes) ; 1502 (en 21 actes)
1500 : naissance de Charles de Gand, le futur Charles Quint		
	1501 : peste à Barcelone	
1502 : conversion ou exil des mudéjars du Royaume de Castille	**1502** : quatrième voyage de Christophe Colomb	
	1503 : création de la Casa de la Contratación de Séville. Début du cycle de l'or	
1504 : mort d'Isabelle la Catholique	**1504-1506** : famine dans toute l'Espagne. Sécheresse en Castille et en Andalousie	
1506 : mort de Philippe le Beau. Régence de Cisneros		
1507 : régence de Ferdinand le Catholique	**1507** : peste en Catalogne et en Andalousie	
1508 : prise du Peñón de los Vélez par les Espagnols		**1508** : l'*Amadís de Gaula*

Événements politiques	Économie et société	Vie intellectuelle et religieuse
1510 : prise du Peñón d'Alger		
1512 : annexion de la Navarre		
		1514 : *Bible polyglotte* d'Alcalá
1516 : mort de Ferdinand le Catholique. Charles de Gand devient Charles Ier d'Espagne		
1519 : Charles Ier est élu empereur d'Allemagne sous le nom de Charles Quint	**1519** : peste à Valence et à Saragosse	
1519-1522 : conquête du Mexique par Hernán Cortés		
1520-1521 : révolte des *Comunidades* de Castille	**1521** : épidémie générale de peste. Sécheresse en Andalousie	
1521-1523 : *Germanías* à Valence et aux Baléares		
	1524 : peste à Séville	
1525 : Pavie. Conversion ou exil pour les mudéjars de la Couronne d'Aragon		
1527 : sac de Rome par les Impériaux. Naissance de Philippe II à Valladolid	**1527-1529** : inondations catastrophiques en Espagne (Séville et Valladolid)	
	1528 : peste en Aragon	
1529 : paix de Cambrai ou *Paix des Dames* entre l'empereur et la France		
	1531 : début du cycle de l'argent	
1532 : conquête du Pérou par Pizarre		
	1533 : peste en Aragon	
1535 : expédition de Charles Quint à Tunis : prise de Tunis et de La Goulette		
	1539-1540 : peste en Vieille Castille	**1540** : fondation de la Compagnie de Jésus
1541 : diète de Ratisbonne. Échec de Charles Quint devant Alger		
	1542 : invasion de sauterelles en Vieille Castille	
1543 : Philippe II régent d'Espagne		

Événements politiques	Économie et société	Vie intellectuelle et religieuse
1544 : paix de Crépy entre François Ier et Charles Quint		
		1545 : ouverture du concile de Trente
1547 : mort de François Ier. Victoire impériale à Mühlberg sur la ligue de Smalkalde	**1547** : sauterelles en Andalousie	**1547** : naissance de Miguel de Cervantès
	1551 : peste à Valence	
		1552 : *Brevísima Relación de la destrucción de las Indias* de Bartolomé de Las Casas. *Vida de Lazarillo de Tormes*
1554 : mariage de Philippe II avec Marie Tudor		
1555 : paix d'Augsbourg. Abdication de Charles Quint pour les Pays-Bas espagnols		
1556 : abdication de Charles Quint à Bruxelles : Ferdinand Ier empereur d'Allemagne, Philippe II roi d'Espagne, d'Italie, des Pays-Bas et des Indes de Castille		
1557 : victoire de Saint-Quentin	**1557** : première banqueroute de l'État. Épidémie générale de peste	
1558 - 21 septembre : mort de Charles Quint		
1559 : traité de Cateau - Cambrésis	**1559** : *Autodafé* de Valladolid	**1559** : *Index* du Grand Inquisiteur Valdés. *La Diana* de Jorge de Montemayor
	1561 : Madrid devient la capitale des Espagnes	
		1562 : Thérèse d'Ávila fonde le premier monastère de carmélites réformées.
1564 : Philippe II reprend le Peñón de Vélez de Gomera	**1564** : peste à Saragosse	
1566 : soulèvement des Gueux aux Pays-Bas		
1567 : le duc d'Albe gouverneur des Pays-Bas		
1568-1570 : soulèvement des Morisques et guerre de Grenade. Mort de l'infant don Carlos	**1568** : sécheresse en Andalousie, famines et peste à Séville	

Événements politiques	Économie et société	Vie intellectuelle et religieuse
1571 : Sainte Ligue. Victoire de don Juan d'Autriche à Lépante. Déportation des Morisques de Grenade	**1571** : épidémie de typhus	
1573 : Don Luis de Requesens gouverneur des Pays-Bas		**1574** : *Philippe II* par Le Titien
1576 : sac d'Anvers par les Espagnols et pacification de Gand. Don Juan d'Autriche gouverneur des Pays-Bas	**1575-1576** : crise économique et deuxième banqueroute. Suspension des foires de Castille	**1575-1580** : *Relations topographiques* de Philippe II
		1578 : Jean de la Croix, Le *Cántico espiritual, Subida al Monte Carmelo, La Noche oscura*
1579 : formation des Provinces Unies		
1580 : annexion du Portugal à la Couronne de Castille		
	1581-1584 : peste en Andalousie et en Estrémadure	
		1583 : Fray Luis de León, *De los nombres de Cristo*
		1585 : Thérèse d'Ávila, *Camino de Perfección*
1586 : Philippe II décide l'invasion de l'Angleterre		**1586** : Le Greco, *L'Enterrement du comte d'Orgaz*
1588 : défaite de l'Invincible Armada contre l'Angleterre		
	1589 : peste et famine	
	1590 : création de l'impôt des *millones*	**1591** : mort de Jean de la Croix
1595 : Henri IV déclare la guerre à l'Espagne		
	1596 : troisième banqueroute. Nouvelle suspension des paiements	
1598 : édit de Nantes (13 avril). Paix de Vervins (2 mai) avec la France. Mort de Philippe II (13 septembre). Le duc de Lerme favori de Philippe III	**1598-1602** : épidémie de peste "atlantique" en Castille et en Andalousie : 500 000 morts	

Événements politiques	Économie et société	Vie intellectuelle et religieuse
		1599 : naissance de Velázquez. Le *Guzmán de Alfarache* de Mateo Alemán
1600 : défaite des Dunes		**1600** : Martín González de Cellorigo, *Memorial de la política necesaria y útil restauración de España*
1604 : paix de Westminster entre l'Espagne et l'Angleterre		
1605 - 8 avril : naissance de Philippe IV à Valladolid		**1605** : première partie du *Don Quichotte*
	1607 : quatrième banqueroute de l'État	
	1608 : apogée du trafic entre l'Espagne et l'Amérique	
1609 : Trêve de Douze Ans avec la Hollande. Expulsion définitive des Morisques		**1609** : *Arte nuevo de hacer comedias* de Lope de Vega
		1610 : les Jésuites au Paraguay
		1613 : première *Soledad* de Góngora. Les *Nouvelles exemplaires* de Cervantès
		1614 : mort du Greco et de Mateo Alemán
		1615 : deuxième partie du *Don Quichotte*
		1616 : mort de Cervantès
		1617 : achèvement de la Plaza Mayor de Madrid
1618 : défenestration de Prague et début de la guerre de Trente Ans		**1618** : Naissance de Murillo. *El Perro del Hortelano* et *Fuenteovejuna* de Lope de Vega
	1619 : peste dans le Levant	**1619** : Sancho de Moncada, *Restauración política de España*
1621 - 31 mars : mort de Philippe III. Avènement de Philippe IV. Fin de la trêve de Douze Ans : Guerre avec la Hollande	**1621** : chute des arrivées d'argent en provenance des Indes	
		1622 : canonisation de Thérèse d'Ávila, Ignace de Loyola et François-Xavier

Événements politiques	Économie et société	Vie intellectuelle et religieuse
		1623 : Pedro Fernández de Navarrete, *Conservación de monarquías*
1625 : Spínola s'empare de Bréda		
	1626 : l'Union des armes. Grandes inondations en Castille et en Andalousie	
	1627 : cinquième banqueroute de l'Etat. Crise financière	**1627** : mort de Góngora
1628 : défaite de Matanzas, les Hollandais s'emparent de la flotte des Indes	**1628** : dévaluation de 50 % de la valeur nominale du billon. Crise frumentaire.	
	1629 : peste en Catalogne	
		1630 : *La Verdad sospechosa* de Juan de Alarcón y Mendoza. Tirso de Molina, *El Burlador de Sevilla y el Convidado de piedra*
	1631 : abolition des *millones* et création d'un impôt sur le sel	
	1632 : rétablissement des *millones*	
1634 : victoire de Nördlingen sur la Suède	**1634** : dévaluation	
1635 : Richelieu déclare la guerre à l'Espagne		**1635** : Calderón de la Barca, *La vida es sueño*. Velázquez, *Les Lances* ou *la reddition de Breda*. Mort de Lope de Vega
1636 : prise de Corbie par le Cardinal-Infant	**1636** : dévaluation et rétablissement de la monnaie de billon	
	1637 : peste en Andalousie (Málaga)	
1638 : victoire de Fontarabie contre la France		
1639 : retour de la Valteline aux Grisons. Les Français prennent Hesdin et Salses (19 juillet) qui sera reprise par les Espagnols en janvier 1640.		

Événements politiques	Économie et société	Vie intellectuelle et religieuse
1640 : soulèvement de la Catalogne (5 juin) et du Portugal (1er décembre).		
1641 : conspiration andalouse de Medina -Sidonia. 9 novembre : mort du Cardinal-infant.	**1641-1642** : dévaluation de 80 % du billon	**1641** : *Le Diable boiteux* de Luis Vélez de Guevara
1642 - septembre : prise de Perpignan et de Salses par les Français. 4 décembre : Mort de Richelieu		
1643 : défaite de Rocroi. Mort de Louis XIII. Disgrâce d'Olivarès		
1645 : mort d'Olivarès à Toro		**1645** : mort de Francisco de Quevedo
	1647 : sixième banqueroute de l'État	
1648 : traités de Westphalie qui mettent fin à la guerre de Trente Ans. Indépendance de la Hollande. Soulèvement de Naples		**1648** : mort de Tirso de Molina
	1649-1652 : grande épidémie de peste (Andalousie-Levant). Sauterelles. Famine. Septième banqueroute de l'État	
		1651 : Baltasar Gracián, *El Criticón*
	1652 : dévaluation. Hiver très rigoureux en Catalogne	**1652** : mort de José de Ribera
		1656 : Velázquez, *Les Ménines*
		1657 : *Les Fileuses* de Velázquez
1658 : défaite des Dunes		**1658** : mort de Gracián
1659 : traité des Pyrénées	**1659** : dévaluation	
		1660 : mort de Velázquez
	1662 : huitième banqueroute de l'État	
	1664 : dévaluation	
1665 - 17 septembre : mort de Philippe IV. Avènement de Charles II et régence de Marie-Anne d'Autriche		

Événements politiques	Économie et société	Vie intellectuelle et religieuse
1668 : indépendance du Portugal. Traité d'Aix-la-Chapelle		
	1672 : sécheresse catastrophique	
1675 : Charles II monte sur le trône d'Espagne		
	1676-1685 : pestes dans la partie sud de l'Espagne : 250 000 morts	
1678 : paix de Nimègue (5 février). Cession de la Franche-Comté		
	1680 : dévaluation de 50 % et réforme monétaire	
		1681 : mort de Calderón de la Barca
	1687 : invasions de sauterelles en Catalogne	
1697 : paix de Ryswick		
1700 : mort de Charles II. Philippe d'Anjou, roi d'Espagne		
1701 : guerre de Succession d'Espagne		
1713 : traité d'Utrecht		
1715 : mort de Louis XIV		
	1717 : transfert de la *Casa de la Contratación* de Séville à Cadix	

BIBLIOGRAPHIE

1. Ouvrages généraux

AMALRIC J.-P. *et alii, Lexique historique de l'Espagne,* Paris, A. Colin, 1976.

BENNASSAR B.,*Un siècle d'or espagnol,* Paris, R. Laffont, 1982.

BENNASSAR B., *Histoire des Espagnols*, 1, Paris, A. Colin, 1985.

BRAUDEL F., *La Méditerranée et le monde méditerranéen à l'époque de Philippe II*, 2 vol., 4e éd., Paris, A. Colin, 1979. Fondamental. Un grand classique.

BROWN J. et ELLIOTT J.-H., *Un palacio para el rey. El Buen Retiro y la corte de Felipe IV*, Madrid, Alianza Editorial, 1988.

CARRASCO R., DÉROZIER C., MOLINIÉ-BERTRAND A., *Histoire et Civilisation de l'Espagne classique, 1492-1808,* Paris, Nathan, 1991.

CHAUNU P., *L'Espagne de Charles Quint,* 2 vol., Paris, SEDES, 1973. Ouvrage remarquable.

DOMÍNGUEZ ORTIZ A., *El Antiguo Régimen : Los Reyes Católicos y los Austrias*, Madrid, Alianza Editorial, 1973. Nouvelle édition 1988. Importante synthèse.

Enciclopedia de Historia de España, dir. Miguel Artola, vol.5. *Diccionario temático,* Madrid, Alianza Editorial, 1991. Très utile.

HAUSER H., *La Prépondérance espagnole (1559-1660),* 1re éd. 1933, 3e éd. Paris, Mouton, 1973. Important.

KAMEN H., *Vocabulario básico de la historia moderna. España y América 1450-1750*, Barcelone, Crítica, 1981.

KAMEN H., *Spain in the Later Seventeenth Century, 1665-1700,* Londres, Longman Group Limited, 1980 ; trad. espagnole, *La España de Carlos II*, Barcelone, Crítica, 1986.

LE FLEM J.-P., PÉREZ J., PELORSON J.-M., *La Frustración de un imperio (1476-1714), Historia de España*, dir. par Tuñón de Lara, t. V, Barcelone, Labor, 1985.

PACHECO F., *Arte de la pintura* (1649), éd. de Bonaventura Bassegoda i Hugas, Madrid, Cátedra, 1990.

VICENS VIVES J., *Historia económica y social de España y América*, Barcelone, 1957, vol. II et III ; (nouvelle éd. 1971). Remarquable synthèse.

VILAR P., *Histoire de l'Espagne,* Paris, PUF, coll. "Que sais-je ?", 1947 ; 15e éd., 1991.

2. Population

MOLINIÉ-BERTRAND A., *Au Siècle d'Or. L'Espagne et ses hommes.* Paris, Economica, 1985. Étude démographique.

MOLINIÉ-BERTRAND A., *Atlas de la population du Royaume de Castille en 1591,* Caen, CRHQ, 1976.

NADAL J., *La población española (siglos XVI a XX),* Madrid, Siglo XXI, 1980. Classique.

PÉREZ MOREDA V., *Las crisis de mortalidad en la España interior (siglos XVI-XIX),* Madrid, Siglo XXI, 1980. Analyse démographique.

RUIZ MARTÍN F., " Demografía eclesiástica", *Diccionario de Historia eclesiástica de España,* t.II, Madrid, CSIC, 1972, p. 682-733.

3. Économie et société

BENNASSAR B., *Valladolid au Siècle d'Or. Une ville de Castille et sa campagne au XVIe siècle,* Paris-La Haye, Mouton, 1967. Une monographie exemplaire.

CARANDE R., *Carlos V y sus banqueros,* 3 vol., Madrid, 1943, 1949 et 1967. Nouvelle édition, Barcelone, 1990. Classique et fondamental pour l'étude des finances au temps de Charles Quint.

CHAUNU P., *Séville et l'Amérique. XVIe-XVIIe siècles,* Paris, Flammarion, 1977. Plus accessible que *Séville et l'Atlantique* pour les étudiants.

DOMÍNGUEZ ORTIZ A., *Política y Hacienda de Felipe IV,* Madrid, Editorial de Derecho Financiero, 1960. Étude très importante sur les finances de Philippe IV.

GERBET M.C., *La Noblesse dans le royaume de Castille*, Paris, Publications de la Sorbonne, 1979. Étude sur la noblesse en Estrémadure au XVe siècle.

HAMILTON E.J., *American Treasure and Price Revolution in Spain (1501-1650),* Cambridge, Mass.,1934 ; trad. espagnole, *Tesoro americano y la revolución de los precios en España, 1501-1650*, Barcelone, Ariel, 1975. Ouvrage classique et fondamental sur l'histoire et la "révolution des prix".

KAGAN R. L., *Students and Society in Early Modern Spain*, The Johns Hopkins University Press, 1974 ; trad. espagnole, *Universidad y sociedad en la España moderna,* Madrid, Tecnos, 1981. Ouvrage classique sur les universités espagnoles à l'époque moderne.

KLEIN J., *The Mesta, a Study in Spanian Economic History, 1273-1836,* Cambridge, Mass., 1920. Trad. espagnole, *La Mesta*, Madrid, Alianza Editorial, 3e éd. 1985. Important : le livre qu'il faut connaître sur la *Mesta.*

MARAVALL J.A., *Poder, honor y élites en el siglo XVII,* Madrid, Siglo XXI, 1979.

SALOMON N., *La Campagne de Nouvelle-Castille à la fin du XVIe siècle d'après les "Relaciones Topográficas",* Paris, SEVPEN, 1964. Une remarquable enquête.

ULLOA M., *La Hacienda Real de Castilla en el reinado de Felipe II,* Rome, 1963, 2e éd., Madrid, FUE, 1977. Le meilleur ouvrage sur les finances de Philippe II.

4. Aspects politiques et institutions

ELLIOTT J.H., *The Revolt of the Catalans. A Study in the Decline of Spain (1598-1640),* Cambridge, Cambridge University Press, 1963 ; trad. espagnole, *La rebelión de los Catalanes,* Madrid, Siglo XXI, 1986. Le livre indispensable sur la révolte catalane de 1640.

ELLIOTT J.H., *The Count-Duke of Olivares,* Londres-New Haven, Yale University, 1986 ; trad. espagnole, *El Conde Duque de Olivares. El político en una época de decadencia,* Barcelone, Crítica, 1990 ; traduction française : *Olivarès (1587-1645). L'Espagne de Philippe IV,* Paris, R.Laffont, Bouquins, 1992. Prestigieuse biographie historique.

GONZÁLEZ ALONSO B., *El corregidor castellano,* Madrid, 1970.

GONZÁLEZ ANTÓN L., *Las Cortes en la España del Antiguo Régimen,* Madrid, Siglo XXI, 1989.

Le Premier Âge de l'État en Espagne (1450-1700), Paris, CNRS, 1989. La naissance de l'État moderne appréhendée par des spécialistes.

PELORSON J.-M., *Les "Letrados", juristes castillans sous Philippe III,* Poitiers, 1980. Le livre de référence sur le monde des juristes.

PÉREZ J., *La Révolution des "Comunidades" de Castille (1520-1521),* Bordeaux, Féret, 1970. Lecture indispensable.

PÉREZ J., *Isabelle et Ferdinand,* Paris, Fayard, 1988.

TOMÁS Y VALIENTE F., *Los Validos en la monarquía española del siglo XVII,* Madrid, Siglo XXI, 1982. Étude rigoureuse et scientifique sur les favoris du XVIIe siècle.

5. Histoire spirituelle et religieuse

BATAILLON M., *Érasme et l'Espagne. Recherches sur l'histoire spirituelle au XVIe siècle,* Paris, Droz, 1937 ; 2e éd. espagnole, *Erasmo y España,* Madrid-Mexico-Buenos Aires, 1966. Fondamental.

CARO BAROJA J., *Los Judíos en la España moderna y contemporánea,* 3 vol., Madrid, Arion, 1963, nouvelle éd. Madrid, Istmo, 1978.

CASTRO A., *España en su historia. Cristianos, moros y judíos,* Buenos Aires, Losada, 1948 ; repris sous le titre *La realidad histórica de España*, Mexico, Porrúa, 1954. Une réflexion passionnée sur l'hispanité.

CONTRERAS J., *Sotos contra Riquelmes*, Madrid, Anaya & Mario Muchnik, 1992. Un procès inquisitorial du XVIe siècle qui se lit comme un roman.

DOMÍNGUEZ ORTIZ A., VINCENT B., *Historia de los Moriscos*, Madrid, Revista de Occidente, 1978. Une synthèse définitive sur les Morisques par deux éminents spécialistes.

DOMÍNGUEZ ORTIZ A., *Los Judeoconversos en España y América*, Madrid, Istmo, 1978 (1re éd. 1955). Remarquable analyse de la minorité judéo-converse.

ESCAMILLA COLIN M., *Crimes et châtiments dans l'Espagne inquisitoriale*, Paris, Berg International, 1992, 2 vol. Somme la plus récente sur l'Inquisition et les judéo-convers au temps de Charles II et de Philippe V.

GARCÍA CÁRCEL R., *Orígenes de la Inquisición española*, Barcelone, Península, 1976.

LAPEYRE H., *Géographie de l'Espagne morisque,* Paris, SEVPEN, 1959. Excellent.

SANCHEZ ALBORNOZ C., *España, un enigma histórico*, Buenos Aires, 1956 ; 8e éd., Barcelone, Edhasa, 1981. Réponse à Américo Castro.

SICROFF A., *Les Controverses des statuts de pureté de sang en Espagne du XVe au XVIIe siècle,* Paris, Didier, 1960 ; trad. espagnole, *Los Estatutos de limpieza de sangre, controversias entre los siglos XV y XVII*, Madrid, Taurus, 1979 et 1985. Un grand livre sur un problème capital.

INDEX DES NOMS DE PERSONNES

INDEX DES NOMS DE LIEUX

Dans la même collection

Domaines de l'histoire et de la langue espagnole :

11. Anne Dulphy, *Histoire de l'Espagne de 1814 à nos jours*
16. Madeleine et Arcadio Pardo, *Précis de métrique espagnole*
39. Jacqueline Covo, *Introduction aux civilisations latino-américaines*
48. Marc Zuili, *Introduction à l'analyse des textes espagnols et hispano-américains*
67. Jean-Claude Seguin, *Histoire du cinéma espagnol*
86. Robert Omnès, *Phonétique, phonologie, orthographe et prononciation de l'espagnol*
101. Annie Molinié-Bertrand, *Vocabulaire historique de l'Amérique espagnole*
106. Bernard Bessière, *Vingt ans de création espagnole – 1975-1995*
108. Ricardo Romera Rozas, *Introduction à la littérature fantastique hispano-américaine*
131. Robert Duclas, *Grammaire espagnole. De la pensée au langage – t. 1*
132. Robert Duclas, *Grammaire espagnole. De la pensée au langage – t. 2*
150. Jacqueline Ferreras, *La Civilisation espagnole aujourd'hui*
181. Henri Guerreiro et Claude Le Bigot, *La Dissertation littéraire en espagnol*
223. Jordi Bonells, *Le Roman espagnol contemporain. De 1939 à nos jours*

Dans la collection « FAC . »

Bernard Sesé et Marc Zuili, *Vocabulaire de la langue espagnole classique (XVIe et XVIIe siècles)*

Imprimé en France par IFC. Saint-Germain-du-Puy 18390.
N° éditeur: 10086860 - (V) - (6,5) -OSBM 80°
Dépôt légal juin 2001 . N° d'imprimeur : 01/425